Édition : Emilie Mongrain
Design graphique : Christine Hébert
Infographie : Chantal Landry
Traitement des images : Johanne Lemay
Révision : Sylvie Massariol
Correction : Jocelyne Cormier et Joëlle Bouchard

Photos : Ariel Tarr
Stylisme : Sylvain Riel

Catalogage avant publication de Bibliothèque et Archives nationales du Québec et Bibliothèque et Archives Canada

Titre : Mangez local ! : Recettes et techniques de conservation pour suivre le rythme des saisons / Julie Aubé.
Noms : Aubé, Julie, 1983- auteur.
Identifiants : Canadiana 20200070789 | ISBN 9782761954167
Vedettes-matière : RVM : Produits du terroir—Québec (Province) | RVM : Aliments—Conservation—Québec (Province)
Classification : LCC TX353.A93 2020 | CDD 641.59714—dc23

SUIVEZ-NOUS SUR LE WEB
Consultez nos sites Internet et inscrivez-vous à l'infolettre pour rester informé en tout temps de nos publications et de nos concours en ligne. Et croisez aussi vos auteurs préférés et notre équipe sur nos blogues !

EDITIONS-HOMME.COM
EDITIONS-JOUR.COM
EDITIONS-PETITHOMME.COM
EDITIONS-LAGRIFFE.COM
RECTOVERSO-EDITEUR.COM
QUEBEC-LIVRES.COM
EDITIONS-LASEMAINE.COM

04-20

Imprimé au Canada

Dépôt légal : 2020
Bibliothèque et Archives nationales du Québec

ISBN (version papier) 978-2-7619-5416-7
ISBN (version numérique) 978-2-7619-5417-4

DISTRIBUTEURS EXCLUSIFS :

Pour le Canada et les États-Unis :
MESSAGERIES ADP inc.*
Téléphone : 450-640-1237
Internet : www.messageries-adp.com
* filiale du Groupe Sogides inc., filiale de Québecor Média inc.

Pour la France et les autres pays :
INTERFORUM editis
Téléphone : 33 (0) 1 49 59 11 56/91
Service commandes France Métropolitaine
Téléphone : 33 (0) 2 38 32 71 00
Internet : www.interforum.fr
Service commandes Export – DOM-TOM
Internet : www.interforum.fr
Courriel : cdes-export@interforum.fr

Pour la Suisse :
INTERFORUM editis SUISSE
Téléphone : 41 (0) 26 460 80 60
Internet : www.interforumsuisse.ch
Courriel : office@interforumsuisse.ch
Distributeur : OLF S.A.
Commandes :
Téléphone : 41 (0) 26 467 53 33
Internet : www.olf.ch
Courriel : information@olf.ch

Pour la Belgique et le Luxembourg :
INTERFORUM BENELUX S.A.
Téléphone : 32 (0) 10 42 03 20
Internet : www.interforum.be
Courriel : info@interforum.be

Gouvernement du Québec – Programme de crédit d'impôt pour l'édition de livres – Gestion SODEC – www.sodec.gouv.qc.ca

L'Éditeur bénéficie du soutien de la Société de développement des entreprises culturelles du Québec pour son programme d'édition.

Conseil des arts du Canada | Canada Council for the Arts

Nous remercions le Conseil des arts du Canada de l'aide accordée à notre programme de publication.

Financé par le gouvernement du Canada | Funded by the Government of Canada | Canada

Nous reconnaissons l'aide financière du gouvernement du Canada par l'entremise du Fonds du livre du Canada pour nos activités d'édition.

JULIE AUBÉ

Mangez local!

Recettes et techniques de conservation pour suivre le rythme des saisons

PHOTOGRAPHIES DE ARIEL TARR

LES ÉDITIONS DE L'HOMME

À mon père, qui a eu le temps
d'apprendre que ce livre allait exister
juste avant de s'envoler.

TABLE DES MATIÈRES

SUIVEZ LE RYTHME

Selon mon *Petit Larousse*, le terme *rythme* a plusieurs sens. L'un d'entre eux est le « retour, à intervalles réguliers dans le temps, d'un fait, d'un phénomène ». Comme les saisons. Pour qu'il y ait un retour, il doit y avoir eu un départ, une pause. N'est-ce pas après s'être ennuyé d'une personne qu'on aime qu'on a particulièrement hâte de la revoir ? C'est aussi ce qui se produit lorsqu'on adapte son alimentation au rythme des saisons : il y a des départs à la fin d'une récolte, puis des absences plus ou moins longues selon les produits et les réserves qu'on a faites. Mais il y a toujours des retours, et ils sont d'autant plus délicieux lorsque les aliments aimés se sont laissé désirer. Manger au rythme des saisons, cela décuple le plaisir, parce que chaque nouvel arrivage constitue le plus savoureux des retours.

Un autre des sens du mot *rythme* se rapporte à l'aspect biologique, comme mon rythme cardiaque qui s'accélère au moment de ma première cueillette de framboises locales. Le rythme évoque aussi la poésie, notamment la cadence des vers. Remplir ses assiettes au rythme des saisons est un geste non seulement vert, mais également poétique ; on le sait quand on goûte à l'harmonie gustative créée par des saveurs nées à la croisée d'un lieu et d'un temps de l'année.

Pour moi, le rythme des saisons n'est pas qu'une expression, c'est une vision de l'alimentation. Une alimentation saine pour nous et pour ceux qui cultivent et transforment localement les aliments. Saine pour l'environnement dans lequel nous vivons et duquel nous faisons partie, pour le territoire que nous habitons, qui nous nourrit et nous unit.

Manger au rythme des saisons, c'est donc entrer dans une valse exquise, colorée, poétique et harmonieuse, qui donne encore plus de valeur et de sens à nos assiettes, à nos dollars et au temps passé à nous approvisionner et à cuisiner. C'est une idée qui, avec son goût de revenez-y, se transforme peu à peu en habitude. Jusqu'à devenir aussi évidente qu'instinctive. Jusqu'à devenir un rythme naturel.

MANGER PRÈS

Manger près n'est ni un terme officiel ni une appellation. C'est une expression que j'aime employer pour ajouter une précision à « manger local ». Si manger localement se rapporte notamment à l'importance de la proximité géographique dans l'approvisionnement, *manger près* évoque d'autres formes de proximité qui sont tout aussi importantes à rechercher. *Manger près*, c'est choisir des aliments locaux qui sont, le plus possible, près de la nature et de leur nature, et près des gens.

PRÈS DE LA NATURE

Produire des aliments n'est pas sans impact sur les écosystèmes. *Manger près* de la nature, c'est choisir des aliments saisonniers provenant de fermes qui limitent leurs effets négatifs sur l'environnement et qui optimisent leurs pratiques écologiques, voire régénératrices, en se souciant de la biodiversité, de l'autonomie ainsi que de la santé des sols et des cours d'eau et donc, nécessairement, de celle des vers de terre, des abeilles et des oiseaux. C'est choisir des aliments pour manger aujourd'hui, mais pour s'assurer aussi de pouvoir le faire demain.

PRÈS DE *LEUR* NATURE

Les aliments près de leur nature sont des aliments de base (ceux qui nous inspirent à cuisiner maison !), peu emballés, pas ou peu transformés, et, le cas échéant, qui conservent une liste d'ingrédients que l'on arrive à déchiffrer.

PRÈS DES GENS

Manger près, c'est développer une proximité affective avec les gens passionnés et passionnants qui nous donnent accès à une alimentation savoureuse et de qualité. Une carotte « anonyme » n'aura pas la même valeur que celle de la ferme diversifiée de Paul, avec qui vous discutez chaque semaine au marché. Vous aimez quand il parle de ses îlots de fleurs sauvages pour les abeilles et les papillons. Sa fille Sarah vous a même expliqué que vous pouvez faire un pesto avec les fanes ! Connaître les gens qui nous nourrissent, développer à leur égard bienveillance, affection et admiration, il n'y a pas grand-chose d'aussi puissant pour faire que nos assiettes soient riches de sens.

Manger près, c'est miser sur la **P**roximité, les **R**elations humaines, l'**E**nvironnement et la **S**aisonnalité. C'est une alimentation qui rime avec **P**laisir, **R**econnexion, **É**quilibre et qui est remplie de **S**ens.

MANGER PRÈS... C'EST CONCRET !

Manger près évoque à la fois une philosophie agricole, un état d'esprit par rapport à l'approvisionnement et une vision de l'alimentation saine pour nous, l'environnement et la collectivité. Concrètement, c'est bien beau tout ça, me direz-vous, mais comment arriver à faire ça dans la « vraie vie » ? En voici des exemples !

MANGER PRÈS, C'EST :

- Choisir le plus souvent possible des aliments de fermes qui travaillent « à échelle humaine » ;
- Récolter des fines herbes fraîches sur son balcon ;
- Aller au marché pour choisir les oignons de Mario et les betteraves de Sonia, et pour profiter de leurs anecdotes, aussi savoureuses que leurs légumes ;
- Adopter un fermier de famille et apprendre à le connaître au fil des semaines en allant chercher son panier après le travail ou avec son enfant après la garderie ;
- Mettre l'agrotourisme au menu des fins de semaine et des vacances, et en profiter pour remplir la glacière. Lorsque viendra le temps de cuisiner les victuailles, on sera inspirés par le souvenir des paysages et des histoires racontées durant la visite ;
- Aller cueillir ses fraises chez Josiane, ses prunes chez les Bilodeau, et réaliser en mangeant qu'on croque un bout du territoire qu'on a exploré ;
- S'informer à propos des marchés publics et des fermes qui seront sur la route des tournois de soccer du petit dernier ;
- Récolter un sac plein de cerises chez sa grand-mère et cuisiner avec elle sa célèbre confiture en réalisant que cette transmission est un privilège ;
- Attendre que les enfants soient rentrés de l'école ou de la garderie pour récolter avec eux les tomates cerises au potager ou au jardin collectif ;
- S'attabler dans un restaurant qui sert un burger de bœuf nourri à l'herbe d'une ferme bien de chez nous ;
- Choisir des œufs d'une poule qui a déjà picossé un insecte ou vu un lever de soleil ;

- Sortir en plein hiver ses fruits congelés durant l'été et lire sur le sac l'inscription « récoltés en juillet/ ferme Sylli » plutôt que « Produit du Chili » ;
- Servir à sa famille un plat dont les ingrédients proviennent de villages ou de fermes que l'on peut nommer ;
- Participer à une cuisine collective et privilégier les recettes de saison ;
- Cultiver une curiosité sur la façon dont sont produits nos aliments, tout simplement.

En somme, pour *manger près* toute l'année, on maximise la proximité sous toutes ses formes en commençant par les aliments provenant du jardin, du marché, d'un approvisionnement à la ferme, du troc, de paniers de fermiers, de sorties d'autocueillette, puis des commerces de sa région ou de son quartier qui s'approvisionnement localement... On *complète* ensuite en épicerie, au besoin, en préférant celles qui font une belle place aux produits régionaux. Le fait de combiner ces options permet de réduire la proportion de nos aliments « anonymes », c'est-à-dire les aliments des multinationales, par exemple, auxquels il est plus difficile d'associer des visages, des histoires, des villages, des noms de famille ou des paysages, afin de réinvestir ses dollars dans un système alimentaire de proximité, à échelle humaine, et ce, toute l'année.

POURQUOI CE LIVRE ?

De plus en plus de gens sont préoccupés par le lien étroit qui existe entre le contenu de leurs assiettes, la santé de la planète et la biodiversité. L'idée de se nourrir de ce que l'on peut produire ici, collectivement et durablement, résonne de plus en plus fort.

Cela dit, nous rencontrons tous des défis liés à la réalité du quotidien, que ce soit un horaire chargé, un budget serré, des habiletés culinaires à développer, un accès plus difficile à certains aliments ou un manque d'inspiration face à certains produits de saison. Ces défis sont réels et nombreux, mais ils ne sont pas insurmontables, et ce livre en fera la preuve : en proposant des solutions concrètes, il vous permettra de découvrir qu'il est possible de manger toute l'année ce qui est produit dans les fermes tout près sans se casser la tête. Vous y découvrirez trucs, astuces, recettes et réflexes alimentaires que vous pourrez développer au fil des mois. Vous verrez, il est possible d'en faire une véritable habitude, dans le plaisir et tout en douceur. L'investissement de temps nécessaire au départ pour soutenir ce changement sera largement récompensé par la suite.

Dans ce livre, chaque mois, en commençant par le renouveau agricole de mai, une technique de conservation des récoltes vous est présentée. L'invitation vous est lancée : essayez la technique du mois en cours, et répétez celles des mois précédents en les adaptant aux récoltes qui, elles, évolueront au fil des mois. De chapitre en chapitre, vous remplirez non seulement votre panier d'outils qui s'additionneront et se compléteront, mais aussi vos armoires et votre congélateur de provisions qui ajouteront de la variété à saveur locale à vos menus des mois plus froids.

OUSTE LA CULPABILITÉ !

Ce livre vise donc à vous inspirer et à vous outiller. Il ne s'agit surtout pas de susciter chez vous un sentiment de culpabilité de ne pas en « faire plus ». Il est important de le répéter : à chacun sa réalité, son rythme de vie, ses champs d'intérêt et son point de départ. Avoir ce livre entre les mains est déjà un pas de géant. Le reste suivra, un jour à la fois, dans l'ordre ou dans le désordre, à votre rythme à vous, selon vos apprentissages au fil du temps.

Surtout, ne vous laissez pas intimider. Dans la « vraie » vie, les années se suivent et ne se ressemblent pas ; il se peut que vous n'ayez pas une seconde à vous pendant la saison du maïs cet été ou que vous soyez à l'extérieur au moment de conserver les cerises. Et ce n'est jamais grave ! Vous vous rattraperez sur autre chose au fil des récoltes suivantes.

LE POINT DE DÉPART : LES FRUITS ET LES LÉGUMES

Selon les recommandations officielles (notamment celles de la dernière édition du *Guide alimentaire canadien*), on doit viser à ce que les fruits et les légumes composent la moitié de nos assiettes. C'est donc logique qu'ils soient le point de départ de nos choix de menu.

Or, les fruits et les légumes sont les produits locaux les plus passagers de nos assiettes. En plein hiver, on peut facilement trouver un fromage fait dans le coin, une viande provenant d'un animal élevé en pâturage dans une ferme québécoise, une huile locale ou une farine issue de grains provenant des champs d'ici. Les récoltes de fruits et de légumes frais, si abondantes soient-elles chez nous pendant plusieurs mois de l'année, se font plus rares l'hiver. C'est donc intéressant de développer des habiletés en conservation des aliments les plus « passagers », pour que ce soit plus facile et agréable de *manger près* d'une saison à l'autre.

Les fruits et les légumes frais sont constitués majoritairement… d'eau ! Évidemment, les teneurs exactes varient notamment selon les variétés et la fraîcheur, mais en moyenne, selon le *Fichier canadien sur les éléments nutritifs* de Santé Canada, le concombre et la tomate sont constitués à 95 % d'eau, la fraise à 91 %, le cantaloup à 90 % et la poire à 84 %. Aussi bien dire que lorsqu'on fait traverser océans et continents à ces aliments, on utilise de l'énergie fossile pour transporter surtout… de l'eau ! C'est une catégorie d'aliments bien peu intéressante à importer de loin, puisqu'il en pousse une diversité tout près de chez nous.

Qu'ils soient d'ici ou d'ailleurs, les fruits et les légumes sont à la base d'une alimentation saine. L'important, c'est d'en manger. Bien que ces aliments soient tous sains, ceux qui ont poussé près de chez nous ont quelques cordes de plus à leur arc.

Les produits qui viennent de loin sont parfois récoltés avant maturité afin qu'ils puissent mieux tolérer le voyage (qui vient également avec son lot d'emballages). Quand on privilégie les fruits et les légumes locaux de saison, on est généralement gagnant sur la fraîcheur et le goût.

On est aussi gagnant du côté de la variété, un autre des principes de base de la saine alimentation. Les différentes variétés d'un fruit ou d'un légume (par exemple les fraises et les tomates) ne supportent pas toutes de longs voyages combinés à de longues périodes d'entreposage ; c'est pourquoi on trouve toujours les quelques mêmes variétés de tomates, d'aubergines ou de verdures dans les grandes surfaces, c'est-à-dire celles qui auront encore l'air de quelque chose plusieurs jours, voire semaines, après la récolte.

Quand on reçoit un panier de légumes, qu'on discute avec un semencier, qu'on jardine ou qu'on visite les maraîchers à leur ferme ou au marché, on est exposé à la variété en termes de formes, de saveurs, de couleurs, de texture… et de plaisir ! Une diversité à favoriser aussi d'un point de vue environnemental (la nature n'est pas faite pour les monocultures) et pour s'assurer de préserver les variétés adaptées à notre territoire, qui font souvent partie de notre histoire et de notre identité culinaire.

100 % local, est-ce nécessaire ?

Non. Les aliments n'ont pas de raison d'être de grands voyageurs quand ils peuvent être produits près de chez soi, mais certains ne le peuvent pas. Café, mangues, chocolat, bananes, amandes, ananas… Faut-il les éliminer de son alimentation ? Ce n'est pas le but recherché ici. La nuance est donc de *manger près* au rythme des saisons… quand c'est possible. Et c'est souvent possible !

Prenons les framboises, par exemple. Celles du Québec sont délicieuses, se congèlent bien et ont tellement moins voyagé que leurs cousines du Mexique, des États-Unis ou du Chili qu'on trouve en épicerie, fraîches ou surgelées. On produit aussi tant de pommes au Québec, offertes partout et à l'année, que c'est à se demander ce que les pommes des États-Unis font encore sur les tablettes de nos épiceries. Quand un aliment peut être produit ici, il n'existe que des avantages à le privilégier en profitant de sa saison de récoltes pour en manger tout plein et pour en conserver.

Privilégier les aliments locaux de saison, ce n'est ni un dogme ni une religion. C'est une vision de l'alimentation qui se veut empreinte de plaisir et de fierté, sans être source de remords ou de culpabilité. S'il est compliqué pour un amateur de café ou de chocolat de viser le 100 % local, cela ne l'empêche pas d'essayer de *manger près* chaque fois qu'il est possible de le faire ! Ce « chaque fois qu'il est possible » varie bien sûr d'une personne à une autre, selon son temps, son budget, son accès aux aliments, etc. Encore une fois, à chacun ses défis et son rythme !

DES RÉPONSES AUX « OUI MAIS... »

Inutile de se mettre la tête dans le sable, il existe certains défis à *manger près* au quotidien, et il est primordial de les considérer. Car même s'il y a des solutions pour contourner les obstacles ou pour les transformer en sources de motivation, tant qu'un obstacle est perçu comme insurmontable, *manger près* restera compliqué aux yeux de la personne qui le perçoit ainsi, et ce, malgré tous les trucs, techniques et recettes qui suivent. Abordons-les d'entrée de jeu pour mettre la table.

« OUI MAIS... POURQUOI FAIRE DES RÉSERVES SI JE TROUVE DE TOUT À L'ÉPICERIE ? »

Des compotes, il y en a à l'épicerie. Des fruits frais, congelés ou séchés, on peut en acheter toute l'année. Des cornichons, on en trouve même au dépanneur ! « Tu n'as pas autre chose de mieux à faire que des réserves ? » diront certains. Les remises en question sont légitimes, et même positives : elles permettent d'ouvrir le dialogue.

Bien sûr, les grandes surfaces nous offrent un large choix de produits à l'année. Mais remplir les étalages d'aliments en provenance de partout sur la planète au fur et à mesure qu'ils se vident de façon à assurer une (sur)abondance de tout en tout temps nous rend, entre autres, dépendants de l'énergie fossile non renouvelable. De plus, la mondialisation et l'industrialisation ont homogénéisé notre alimentation ; est-ce normal de pouvoir manger à peu près la même chose d'un bout à l'autre du continent, d'un bout à l'autre du calendrier ? Reprendre le rythme local des saisons, c'est tendre vers un peu plus d'indépendance face au système alimentaire globalisé.

Pour être capable de se nourrir sainement de ce qui est produit sur un territoire, ce qu'on appelle la « souveraineté alimentaire », il faut des familles d'agriculteurs qui non seulement cultivent les produits, mais peuvent aussi vivre des fruits de leur travail. Ces conditions sont essentielles pour que les savoir-faire spécifiques à un lieu se transmettent et que l'agriculture locale à échelle humaine perdure et fleurisse, vitalisant ainsi le territoire. La supporter contribue à être moins dépendants des systèmes commerciaux mondialisés tout en nous offrant une incomparable traçabilité.

En somme, c'est vrai qu'on peut acheter de tout à l'année dans un supermarché. C'est également vrai que trouver, cuisiner et conserver les aliments de saison requiert du temps. Ce temps est toutefois riche de sens, car il procure un sentiment d'accomplissement et d'engagement : si on souhaite participer à la construction d'un système alimentaire de proximité, vert, juste et fier de son identité et de sa saisonnalité, il est particulièrement intéressant de faire des provisions.

Dans les petits pots les meilleurs arguments

Des amis vous servent un « à quoi bon ? ». Pas toujours besoin de longues explications. Offrez-leur un pot tiré de vos réserves. La prochaine fois, gageons qu'ils voudront cuisiner avec vous !

« OUI MAIS... C'EST PLUS CHER »

Une telle affirmation sous-entend « systématiquement » plus cher, ce qui est faux puisque le prix des aliments est multifactoriel. Entrons dans les nuances.

D'abord, il faut s'assurer de comparer des pommes avec des pommes : lorsqu'il y a un écart de prix entre deux aliments, ce n'est pas systématiquement lié au fait qu'un produit est local ou non, mais bien souvent à une différence dans les modes de production. Par exemple, il pourrait être normal que des légumes désherbés manuellement entraînent un coût de production supérieur à ceux traités avec un désherbant chimique.

Un autre aspect à considérer est la saisonnalité. Vous vous souvenez peut-être d'avoir vu du chou-fleur vendu à 8,49 $ en janvier, ou du céleri à 4,99 $ au printemps... Il s'agissait évidemment de produits importés. Aucun chou-fleur local, même bio, n'a jamais été vendu 8,49 $ au mois d'août ! L'été et l'automne sont les moments où on peut manger tout le chou-fleur qu'on désire. C'est aussi le temps d'en congeler et d'en mariner ; de cette façon, en janvier, quand on aura envie d'en mettre au menu, il suffira de sortir un paquet de fleurons congelés ou d'ouvrir un pot. Bref, plusieurs aliments de base sont tout à fait sains, délicieux ET abordables, même s'ils proviennent d'une ferme familiale de la région. Un chou local est rarement hors de prix ; même chose pour une grosse citrouille ou un sac de pommes de terre.

Maximiser les ressources

Quand vous pensez au coût, n'oubliez pas qu'il faut aussi maximiser l'utilisation de chaque aliment, en d'autres mots réduire au maximum le gaspillage. Selon le Conseil national zéro déchet, 63 % de la nourriture que les Canadiens jettent aurait pu être consommée. Ce ne sont pas juste des aliments qui sont gaspillés ainsi, mais toutes les ressources nécessaires pour les produire et les transporter. Sans compter tout l'argent jeté ainsi par les fenêtres ! Selon les sources, au Canada, chaque famille jette près de 1100 $ à 1766 $ de nourriture par an. Un beau budget pour absorber, s'il y a lieu, les quelques dollars de plus consacrés à *manger près*, n'est-ce pas ?

La question de la quantité influence aussi le prix. Si vous achetez une grande quantité d'un produit à un fermier de votre région, il est probable que le prix au kilo soit avantageux. Vous ne sauriez que faire de toute cette provision ou manquez de place pour l'entreposer ? Pourquoi ne pas partager avec des membres de votre famille, des collègues ou des voisins ! Il existe aussi des systèmes d'achats groupés sur lesquels vous pouvez vous informer.

Et puis, des aliments, c'est tellement plus qu'un prix ! Non seulement ils donnent du carburant à notre corps, mais ils sont liés à notre histoire, à notre culture, à notre identité, aux autres humains d'ici et d'ailleurs, à la santé de la planète, notre grande maison à tous. Choisir des aliments issus d'une agriculture de proximité respectueuse de toutes formes de vie est un (délicieux !) investissement dans un système alimentaire vert, résilient et vitalisant.

Un prix tout inclus… ou pas

Sur un plan plus macro, *manger près* engendre moins d'externalités négatives que l'agriculture industrielle qui nourrit le système alimentaire mondialisé.
Une externalité négative, c'est un coût non directement inclus dans le prix d'un produit. Par exemple, on paye tous, collectivement, des frais associés aux pratiques agricoles moins *près de la nature* quand vient le temps de dépolluer des cours d'eau affectés par les surplus d'engrais qui s'y retrouvent.

« OUI MAIS... JE N'AI PAS LE TEMPS ! »

Qui a dit que *manger près* était plus long ou compliqué ? Ce ne sont pas les recettes en elles-mêmes qui sont plus longues : préparer un sandwich, un plat de pâtes ou une omelette aux légumes de saison provenant du potager ou d'un fermier qu'on connaît prend le même temps que les plats semblables faits avec des légumes importés ou « anonymes ». Là où il y a *parfois* du temps à prévoir, c'est à l'étape de l'approvisionnement. Mais le mot *parfois* est important ici ; s'il est vrai que certains habitent des zones qui sont, pour l'instant, moins bien desservies en solutions pour *manger près*, d'autres ont un point de chute de paniers bio au travail ou à un coin de rue de chez eux, un kiosque fermier sur le chemin de retour à la maison, un marché public au village, un espace pour cultiver des légumes, etc. Selon chaque situation, le temps à accorder à un approvisionnement de proximité est variable. Un truc : joignez l'utile à l'agréable en transformant votre approvisionnement en activité !

La conservation des aliments de saison, elle, exige un peu de planification et de temps sur le coup... mais ce temps sera épargné plus tard. On parle donc d'un investissement payant ! Par exemple, les pestos, les beurres aux herbes, les compotes de fruits ou les sauces aux légumes deviennent des bases de recettes pour des soupers pressés. L'armoire et le congélateur se remplissent de « dépanneurs » qui nous épargnent des allers-retours au supermarché, tout en nous permettant de *manger près* de façon on ne peut plus express le reste de l'année.

Enfin, tout le monde peut faire une petite tâche facile comme couper du brocoli à congeler pour l'hiver en écoutant une série télé ! Joindre l'utile à l'agréable est une bonne façon d'obtenir des « bonus » de temps. Et pourquoi ne pas remplacer l'expression « avoir le temps » par « prendre le temps » ? En d'autres mots, il s'agit de faire le choix conscient d'accorder du temps à son alimentation.

Lentement, mais sûrement

On a parfois le souvenir de grands-mères qui passaient une journée complète dans la corvée de « cannage », qui donnait 60 pots de confiture ou de cornichons. La conservation n'a PAS à être une épreuve d'endurance ! N'oubliez pas que vous pouvez très bien en faire une petite recette pour remplir quelques pots en peu de temps, ce qui s'insère mieux dans un horaire occupé. C'est dans cet esprit que les recettes de ce livre ont été élaborées. À vous de les doubler ou de les tripler si vous le souhaitez !

« OUI MAIS… JE N'AI PAS ENVIE DE ME PRIVER ! »

L'idée de réduire ses achats de fruits importés, par exemple, ce n'est pas parce qu'ils sont « vilains » en soi. C'est souvent parce que les fruits locaux de fermiers visités prennent plus de sens à nos yeux et conséquemment nous font éventuellement plus envie. Miser sur les récoltes locales en saison et conserver certains de ces aliments pour plus tard, c'est par plaisir d'abord ! Quand on fait des choix par plaisir, on a rarement l'impression de se priver. En prime, cela apaise notre conscience écologique et alimente notre fierté et notre gratitude envers la richesse du territoire.

Se rendre fou avec ça ? Bien sûr que non ! On ne contrôle pas l'approvisionnement des hôtes chez qui on est reçu, ni celui des restaurants ou des kiosques dans les festivals. Même chose quand on mange sur la route ou en voyage. Évidemment, on peut choisir ses adresses en privilégiant au maximum celles qui favorisent un approvisionnement de proximité. On peut aussi prévoir des lunchs et des pique-niques quand l'occasion s'y prête. Bref, on peut miser autant que possible sur la proximité et la saisonnalité quand on choisit ses aliments pour la maison au quotidien. Hors de la maison et lors d'occasions spéciales, on peut être caméléon. Donc l'idée, ce n'est pas d'être « contre » les aliments qui viennent d'ailleurs, surtout ceux qui ne poussent pas à proximité. Il y a simplement beaucoup de raisons d'être « pour » l'approvisionnement en mode *manger près*.

« OUI MAIS… CE N'EST PAS RÉALISTE POUR TOUT LE MONDE ! »

C'est vrai. Il y a des gens pour qui les ressources financières et matérielles sont un enjeu constant. Il n'est pas rare de voir des parents occuper plusieurs emplois pour joindre les deux bouts et nourrir leur famille. Certaines personnes n'ont ni le temps, ni l'équipement, ni l'espace (physique et mental) pour commencer un projet de mise en pots de marinades maison. D'autres n'ont pas de marchés publics accessibles dans leur secteur ou ne peuvent pas s'y déplacer. D'autres encore manquent d'habiletés culinaires ou ont une limitation fonctionnelle qui réduit leurs choix. *Manger près* ne devrait pas être un privilège, mais plutôt être accessible à tous. La justice alimentaire est un vaste chantier qui prend racine dans la justice sociale. Il est évidemment primordial, comme société, de se préoccuper de tels enjeux.

Les actions individuelles ne remplacent pas les nécessaires actions collectives, elles s'y additionnent. Si certaines personnes n'ont pas accès (physiquement, économiquement, entre autres) à *manger près*, plusieurs l'ont. C'est à vous, qui faites partie de ces « plusieurs », que ce livre s'adresse ! Quand on peut *manger près* et qu'on le fait, des

retombées positives rejaillissent sur tous. Les dollars que vous dépensez auprès des familles de fermiers de votre région contribuent à bâtir le système alimentaire de proximité dont nous aurons tous besoin pour manger encore demain. Nous ne pouvons pas tous, dans nos réalités quotidiennes, agir directement sur les enjeux politiques ou de justice sociale ; toutefois, en contribuant à soutenir et à bâtir des systèmes alimentaires locaux durables, nous contribuons graduellement au développement d'une accessibilité à *manger près* dont pourra, avec le temps, bénéficier un plus grand nombre.

PARTIE 1

LE TEMPS DES RÉCOLTES

« La cigale, ayant chanté tout l'été,
se trouva fort dépourvue
quand la bise fut venue... »

La Cigale et la Fourmi
Jean de La Fontaine

LA CONSERVATION DES ALIMENTS TEINTE LA CULTURE CULINAIRE DE TOUS LES PEUPLES. OÙ QUE L'ON VIVE SUR LA PLANÈTE, IL Y A DES PÉRIODES MOINS ABONDANTES QUE D'AUTRES, CÔTÉ RÉCOLTES. CHEZ NOUS, C'EST L'HIVER ; AILLEURS, C'EST LA SAISON DES PLUIES OU CELLE DES SÉCHERESSES. CONSERVER LES ALIMENTS A DONC DE TOUT TEMPS PERMIS AUX POPULATIONS DE « PASSER À TRAVERS » LES MOIS MOINS GÉNÉREUX. PAR EXEMPLE, LES PREMIÈRES NATIONS ONT LE PEMMICAN (MÉLANGE DE VIANDE SÉCHÉE, DE GRAISSE ET DE PETITS FRUITS) ; LES PORTUGAIS, LA MORUE SÉCHÉE ; LES CORÉENS, LE KIMCHI.

Au fil des ans, le développement de nouveaux procédés et l'arrivée de nouveaux aliments ont permis d'élargir le champ des possibles. Par exemple, la confiserie s'est développée en France lorsque le sucre y a été introduit ; confire des fruits dans du sucre permettait de les conserver longtemps. Plusieurs recettes traditionnelles de fruits confits, comme le calisson provençal, sont depuis entrés dans la tradition culinaire française.

Si le séchage des aliments et la fermentation sont des techniques de conservation millénaires, d'autres méthodes ont été développées plus récemment, dont l'appertisation (mise en conserve), la réfrigération, la congélation, la lyophilisation, l'emballage sous vide et l'entreposage à atmosphère contrôlée… Aujourd'hui, ces méthodes permettent d'avoir accès à une grande variété d'aliments en tout temps. Mais avant notre époque caractérisée par l'accès à une pléthore de denrées de façon constante, nos grands-parents ou arrière-grands-parents avaient mis au point leur lot de stratégies, afin de conserver assez d'aliments saisonniers pour mettre des repas sur la table l'hiver.

La plupart des techniques, des trucs et des astuces de ce livre ne sont donc pas nouveaux. L'idée ici n'est pas de vivre dans le passé ni d'entretenir une vision folklorique de la tradition. Au contraire, le but est de nous inspirer de notre histoire et de notre culture culinaire pour adapter des traditions à nos rythmes de vie actuels et prendre plaisir à *manger près* toute l'année !

Qu'ont en commun les techniques présentées dans cette première partie ? Toutes visent à ce que l'on ne se trouve pas au dépourvu l'hiver venu ! Vous n'avez pas grandi avec une grand-mère qui vous a transmis son savoir au sujet de la conservation ? Aucun problème. Tout s'apprend ! Comme en musique : il suffit d'abord de maîtriser ses gammes. Une fois que vous serez à l'aise avec les bases, vous pourrez ensuite pousser plus loin l'exploration et même développer vos propres trucs et recettes, un petit pas (ou un petit pot !) à la fois. Ce n'est pas une course, c'est un processus. Un univers de découvertes et de plaisirs gourmands vous attend !

Mai

Avec l'arrivée du mois de mai, les kiosques de fruits et légumes font peu à peu leur ouverture saisonnière, en commençant souvent par les fermes qui cultivent l'asperge. Chez certains maraîchers, on peut à la fois visiter la ferme et acheter des plants de différents végétaux, que l'on rapportera à la maison pour garnir le potager ou les bacs du balcon. Dans les vergers, les pommiers sont en fleurs. Chez les fromagers fermiers, les troupeaux commencent à brouter la jeune herbe fraîche au pâturage. Les premières verdures de saison se pointent le bout du nez, annonçant le début d'un cycle nourricier. Bon début de période des récoltes !

À FAIRE CE MOIS-CI :

Évaluer l'inscription à un panier bio.

Consulter un calendrier des récoltes.

Profiter de la courte saison des asperges.

Essayer une verdure que l'on connaît moins (tête de violon, livèche, oseille, etc.).

Savourer les premiers arrivages de rhubarbe.

LES TÊTES DE VIOLON
(ou crosses de fougère)

On peut s'en procurer auprès de cueilleurs ou dans leur kiosque au marché. Avant de les consommer, il faut les cuire ; on ne les mange jamais crues (pour les mesures de prévention, consulter le site du MAPAQ ; voir « Références et outils », page 188). On peut ensuite les servir chaudes, assaisonnées au goût, ou refroidies et ajoutées à une salade, par exemple.

LES ASPERGES

Les asperges fines sont-elles meilleures que les grosses ? Pas du tout ! Ce qui importe, c'est de favoriser un diamètre similaire pour une cuisson égale. L'asperge blanche, à la saveur délicate, n'est pas verte parce qu'elle a poussé sous terre : ainsi privée de lumière, elle n'a pu développer de chlorophylle.

LA LIVÈCHE

La connaissez-vous ? C'est une plante vivace, bien adaptée à notre climat, au goût proche de celui du céleri. Le céleri n'est pas encore arrivé en mai, mais la livèche est là, elle !

LES RADIS

Pourquoi ne pas les servir cuits ? Oui oui ! Poêlés au beurre, grillés en brochettes, à essayer pour le plaisir de varier !

CÔTÉ SAUVAGE

C'est le moment de découvrir, entre autres, l'oseille, l'ortie, l'arroche, le cerfeuil, la bourrache et le pissenlit.

LA RHUBARBE

Côté sucré, la tige de la rhubarbe (on ne mange pas ses feuilles) est indémodable en pâtisserie, mais elle peut aussi flirter côté salé : ajoutez-la en cubes dans un sauté de légumes, déposez-la compotée dans un grilled-cheese ou incorporez-la en tronçons dans un mijoté (page 147) !

Les vedettes de mai

MISSION DU MOIS

ÉVALUER L'INSCRIPTION À UN PANIER BIO D'ÉTÉ

Mai, c'est le mois parfait pour se trouver un fermier de famille. Souvent incarnée par le « panier bio », l'agriculture soutenue par la communauté (ASC) est une formule qui permet de payer en début de saison une part de la récolte d'un fermier et de recevoir par la suite, près de chez soi ou de son travail, chaque semaine tout au long de la saison, un panier de légumes frais.

Le Réseau des fermiers de famille d'Équiterre a débuté en 1996 avec 7 fermes ; en 2019, il comptait pas moins de 117 fermes principales (qui font des paniers) et 20 fermes associées (qui peuvent compléter les paniers de légumes avec des produits comme des œufs, du pain, du miel, du fromage), pour environ 580 points de livraison. À noter que certaines fermes offrent des formules de paniers sans être membres de ce réseau.

Les formules de paniers se sont beaucoup adaptées avec le temps et continuent d'évoluer pour répondre aux besoins des gens. La preuve :

Vous n'aimez pas certains légumes ?

- Les producteurs offrent de la flexibilité. Par exemple, aux points de livraison, il y a généralement des paniers d'échange qui nous permettent d'augmenter la quantité d'un produit en réduisant celle d'un autre. D'autres fonctionnent en mode mini-marché et nous invitent à faire nous-mêmes une partie de nos choix.

Cela fait beaucoup de légumes à gérer !

- Il est possible de choisir différentes tailles de paniers, selon nos besoins, ou encore d'opter pour les livraisons toutes les deux semaines. Si vous pensez en avoir tout de même trop, pourquoi ne pas évaluer la possibilité de partager un panier avec un proche ?

Vous vous absentez souvent ?

- Des formules prévoient un certain nombre de semaines d'annulation, ou même un calendrier individuel qui vous permet de déplacer certaines livraisons de façon autonome. Ce n'est donc plus une excuse. Et lorsqu'il n'est pas possible de suspendre la livraison, vous pourriez penser à vendre ou à offrir votre panier à un voisin ou à un membre de votre famille.

Vous manquez d'idées pour cuisiner tous les légumes ?

- Pourtant, les ressources pour vous inspirer sont nombreuses. La plupart des fermiers envoient une infolettre pour partager le quotidien à la ferme et des recettes, alors que d'autres fournissent ces infos aux points de livraison. Il existe aussi des groupes Facebook d'abonnés de paniers qui relaient des idées recettes, sans oublier les sites Internet de recettes et les livres, comme celui-ci et plusieurs autres !

Vous rencontrez d'autres obstacles ?

- Discutez-en avec votre fermier ou communiquez avec le Réseau des fermiers de famille (voir « Références et outils », page 188). Il existe sans doute des solutions.

Un achat équitable à saveur locale

On associe généralement le terme *équitable* au chocolat ou au café. L'achat équitable évoque l'idée que la personne qui produit un aliment reçoit une juste part du prix de vente de ce produit. Quand on achète directement d'un producteur, à la ferme, au marché ou grâce à une formule de paniers, le geste est équitable dans le sens où c'est le producteur lui-même qui fixe son prix afin de couvrir ses frais et d'avoir un salaire. Lorsque la chaîne est plus longue (transport, grossiste, distributeur, entreposage, etc.), chaque intermédiaire prend une part du dollar et fixe ses conditions. De plus, dans le cas des paniers bio, le paiement au printemps est précieux pour le maraîcher, puisqu'à cette période il doit faire plusieurs dépenses (semences, employés, etc.) sans avoir encore de légumes à vendre.

Et puis, Dame Nature joue parfois des tours aux agriculteurs. La formule des paniers bio est basée sur la solidarité et inclut donc nécessairement un partage du risque entre le fermier et ses partenaires (nous !). Si la saison est propice et que les récoltes sont abondantes, les paniers seront généreux. Si les conditions n'ont pas été optimales, les paniers seront peut-être un peu moins variés, ou certains légumes auront peut-être l'air « imparfaits ». D'ailleurs, acheter des légumes de toutes les formes directement des producteurs permet de contourner les normes des calibres de la grande distribution (qui fait face à des enjeux logistiques, ce qui explique ces contraintes). En savourant la nature sous toutes ses formes, on contribue à réduire le gaspillage.

TECHNIQUE DU MOIS

ADOPTER LE CALENDRIER DES RÉCOLTES

Manger ce qui est disponible localement en saison, c'est ainsi que l'homme se nourrit depuis la nuit des temps. Si, pour certains, cela semble farfelu de laisser les saisons dicter le menu, il y a pourtant peu de choses plus naturellement simples, culturellement marquantes et délicieusement porteuses de sens.

Le transport des aliments frais, comme les fruits et les légumes, à travers les continents est récent sur une échelle du temps. Il y a bien sûr eu de grands voyages qui ont permis de rapporter, entre autres, des épices d'un bout à l'autre du monde, puis du sucre et du cacao, par exemple. Ensuite sont arrivés les moyens de transport plus efficaces et la réfrigération (voir page 43), qui ont rendu possible le transport d'aliments frais sur de longues, parfois très longues, distances. Aujourd'hui, si on prend des photos à différents moments de l'année dans un supermarché, on est souvent incapable de déterminer le mois dans lequel on se trouve. La disponibilité de tous les produits en tout temps est devenue une norme et elle nous a déconnectés de la saisonnalité.

Et si nous laissions le calendrier des récoltes guider nos menus ? En mai, avec le début du renouveau printanier dans nos champs et nos potagers, c'est le moment parfait pour adopter cette idée. Et c'est la façon de *manger près* LA PLUS simple ! Il suffit d'un calendrier des récoltes. C'est tout ! Plusieurs ressources gratuites existent en ligne, notamment le *Calendrier des disponibilités des fruits et légumes* sur le site d'Équiterre et le *Calendrier des arrivages* du MAPAQ (voir « Références et outils », page 188).

Gardez en tête que les calendriers restent approximatifs, car il peut y avoir des variations dans les récoltes selon les saisons (tantôt plus froides, tantôt pluvieuses, tantôt hâtives) ainsi que selon la région où l'on habite ; par exemple, les fraises qui poussent en Montérégie seront probablement mûres avant celles du Bas-Saint-Laurent.

S'exposer à la saisonnalité

Quand on s'approvisionne en mode *manger près*, on récolte dans son jardin seulement ce qui est prêt, on reçoit dans son panier seulement ce qui a poussé chez son fermier de famille, on se laisse tenter au marché par les produits frais qui viennent d'être cueillis chez un maraîcher de la région : en gros, on est exposé seulement aux produits disponibles à un certain moment dans son secteur. Avoir un calendrier des récoltes dans sa poche arrière devient superflu, car ce qui n'est pas « en saison » ne se trouvera tout simplement pas dans notre panier, dans notre potager ou sur l'étal du fermier au marché – soyez attentif aux revendeurs dans les plus grands marchés (voir page 73). Avec le temps, ce sont tout simplement vos réflexes qui vous guideront.

DES MENUS INSPIRÉS DU CALENDRIER

Suivre le rythme du calendrier des récoltes, c'est entamer une douce transition d'une cuisine qui tient pour acquis qu'on peut avoir de tout en tout temps, vers une cuisine aussi savoureuse que flexible et qui s'adapte aux arrivages. Voici ce que cela veut dire concrètement.

CHOISIR DES ALIMENTS DE SAISON ET TROUVER *ENSUITE* UNE RECETTE OU UNE INSPIRATION CULINAIRE

Quand on fait l'inverse et qu'on choisit d'abord un plat qui nous fait de l'œil dans un livre, sur un site ou dans un magazine, on doit ensuite aller chercher les ingrédients nécessaires pour le réaliser. À moins d'avoir des provisions, on risque d'acheter des aliments venus de loin et cultivés on-ne-sait-pas-comment si on s'est laissé inspirer par une salade de brocoli en avril ou par un gâteau aux poires en mai. Vous aurez certes cuisiné maison, ce qui est en soi très positif, mais ce qui l'est encore plus, c'est de cuisiner maison à partir des produits locaux de saison !

DÉVELOPPER DES RÉFLEXES DE SUBSTITUTIONS SAISONNIÈRES

On voit souvent dans les recettes des combinaisons de produits dont les récoltes ne coïncident pas. Par exemple, un gâteau à la rhubarbe et aux prunes est compliqué à réaliser avec des aliments locaux, à moins d'avoir encore des réserves de prunes quand arrive la saison de la rhubarbe, ou d'avoir conservé de la rhubarbe jusqu'à la saison des prunes. Ce n'est pas un hasard si l'association fraises-rhubarbe est un classique : elles se croisent en juin ! Et que dire du mariage tomates-aubergines, un incontournable de fin d'été ! Il y a même une expression pour cela en anglais : *what grows together goes together* (ce qui pousse ensemble va ensemble).

Certaines personnes ont des routines (un lundi spaghetti, un mercredi tacos, un vendredi pizza). Évidemment, si on n'aime pas modifier ses classiques, il est plus compliqué de suivre le calendrier, mais il est tout de même possible d'adapter les plats de sa routine aux arrivages de saison. En mai, par exemple, vous pourriez préparer un spaghetti au pesto de verdures printanières, remplacer les poivrons des tacos par des petits radis croquants et savourer une pizza à la béchamel et aux asperges. Pratiquement toutes les recettes sont « saisonnalisables » !

Lorsque vous aimez une recette ou que vous adaptez une idée et que vous aimez le résultat, prenez des notes. Vous voudrez certainement refaire ce délice l'année suivante !

DÉVELOPPER UNE CUISINE « PROFITES-EN QUAND ÇA PASSE »

Comme vous savez que certains produits frais de saison ont une place dans votre assiette pendant une courte période seulement, jetez votre dévolu sur eux quand ils arrivent, par exemple en les mangeant plus souvent sous différentes formes. Profitez aussi de leur abondance passagère pour en faire des provisions.

Juin

Il n'est pas trop tard pour vous abonner aux paniers bio. Informez-vous si ce n'est toujours pas fait ! Par ailleurs, la fin du mois de juin marque l'ouverture de plus de 120 marchés saisonniers partout au Québec. La majorité des kiosques à la ferme sont maintenant ouverts. Avec l'arrivée de l'été et des vacances, une foule de festivals gourmands battent leur plein et une ribambelle d'activités alléchantes pour toute la famille sont offertes à la ferme. C'est le moment parfait pour transformer encore plus souvent son approvisionnement en activité !

À FAIRE CE MOIS-CI :

Planter quelque chose qui se mange.

Congeler de la rhubarbe, en tronçons ou en compote (page 43).

Congeler des fraises et des camerises entières (page 43).

Commencer à prévoir du vert pour l'hiver : congeler des courgettes râpées (page 45).

Préparer le pesto « trois tiers » et ses variantes (page 48) et les congeler dans un bac à glaçons.

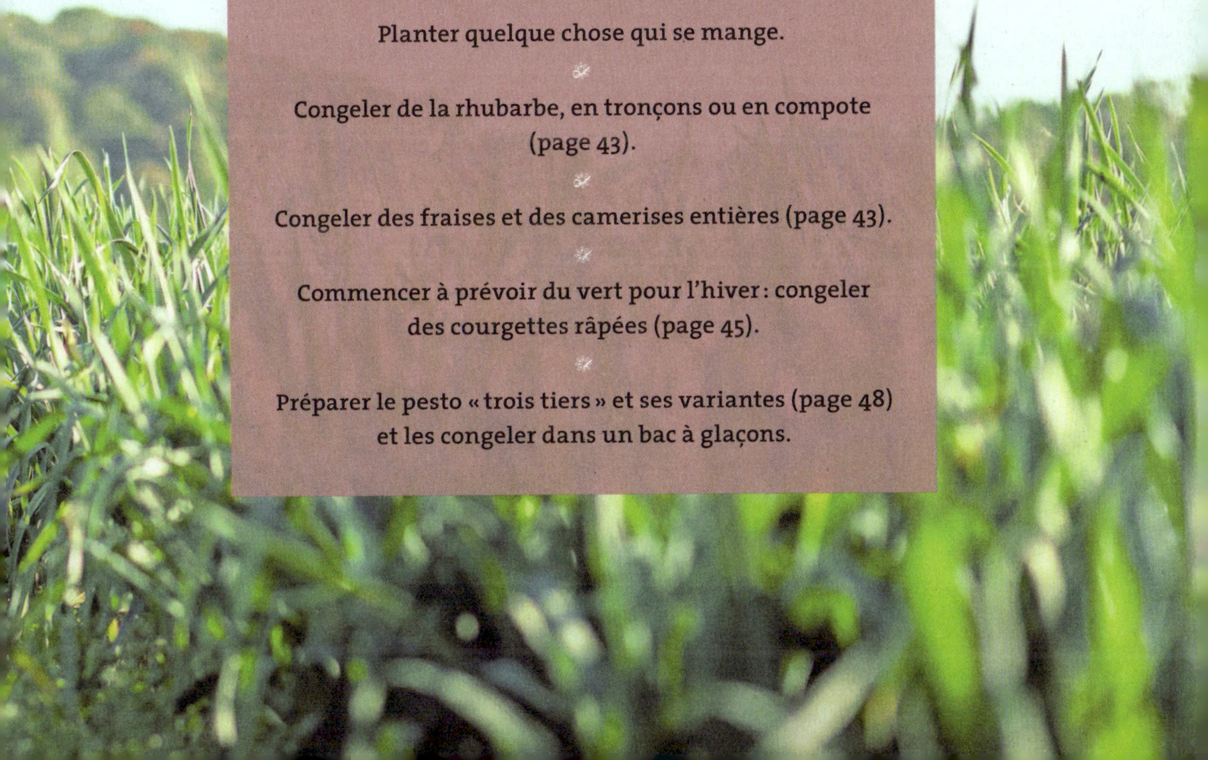

DES SALADES ET ENCORE DES SALADES !
On profite à volonté des laitues, car il sera plus compliqué de s'en procurer auprès d'un fermier de sa région en janvier.

DES COURGETTES À TOUTES LES SAUCES
On les cuisine en sauté, en croquettes, dans des plats de pâtes, grillées sur le barbecue... On peut aussi les râper et les congeler pour les utiliser au fil de ses envies dans des boulettes (page 142), du tzatziki (page 161) ou un gâteau (page 173).

AH, LES FRAISES !
Tant attendues, les fraises du Québec arrivent enfin en juin.

L'OIGNON VERT
(souvent appelé à tort échalote !)
On peut utiliser la partie blanche partout où on mettrait de l'oignon et la partie verte là où on ajouterait de la ciboulette.

LA FLEUR D'AIL
Quelques semaines avant la récolte de l'ail du Québec, c'est la saison de la fleur d'ail. Cette tige verte en tournicoton se déguste crue, par exemple dans le pesto (page 48) ou les vinaigrettes, ou cuite, par exemple hachée et ajoutée dans les sauces et les quiches, ou entière et grillée sur le barbecue comme un légume vert.

LA MINI-RABIOLE
Elle fait partie de la famille des navets, mais se mange comme un radis tout doux en crudité, ou cuite, par exemple en brochettes sur le barbecue ou dans les papillotes. Le feuillage se mange aussi : ajoutez-le à vos salades et à vos pestos (page 48).

LE CONCOMBRE
On le savoure frais ou en salades, mais on profite aussi de l'abondance pour préparer de bonnes relishs maison !

Les vedettes de juin

MISSION DU MOIS

PLANTER QUELQUE CHOSE QUI SE MANGE

Juin, c'est le début de la grosse saison au potager. Qu'il s'agisse de quelques fines herbes et de piments sur votre balcon, d'un potager à la maison ou dans un jardin collectif, de bacs de jardinage urbain au travail ou sur la rue, plantez quelque chose qui se mange !

Le simple fait de cultiver quelques aliments, de prendre soin des plants, de les voir grandir au fil des semaines permet de réaliser tout en douceur l'ampleur du travail qui se cache derrière ceux qu'on a la chance d'avoir dans nos assiettes. Si vous avez des enfants ou des petits-enfants, invitez-les à participer. Des herbes comme le romarin, le thym, l'origan ou la sauge, des légumes comme les laitues, les radis, les haricots verts et les tomates cerises sont de bons choix pour démarrer. Une fois que vous aurez eu la piqûre, vous verrez que les possibilités se comptent par milliers !

TECHNIQUE DU MOIS

LA CONGÉLATION

Probablement la méthode de conservation domestique la plus utilisée au quotidien, c'est aussi une des plus récentes.

L'utilisation du froid pour conserver des aliments ne date évidemment pas d'hier, mais c'est au milieu du 19e siècle que des inventeurs en Angleterre et en France ont mis au point des machines frigorifiques.

Ces inventions ont ouvert la voie au commerce international de denrées périssables: le premier bateau réfrigéré ayant permis de transporter de la viande de l'Argentine vers l'Europe a traversé l'Atlantique en 1876.

C'est une quarantaine d'années plus tard, soit en 1913, que le premier réfrigérateur domestique à l'électricité est apparu aux États-Unis. La bien connue compagnie Frigidaire, elle, a vu le jour en 1919. Le congélateur domestique a suivi vers 1930, mais il est véritablement entré dans les foyers après la Seconde Guerre mondiale, dans le contexte d'abondance de la révolution verte, marquée par l'accroissement de la productivité agricole. En quelques décennies, le congélateur est devenu un incontournable de nos cuisines: en Amérique du Nord, il est aujourd'hui présent dans la quasi-totalité des foyers.

L'ancêtre du congélateur

Avant la réfrigération domestique électrique, on utilisait des « glacières », c'est-à-dire des armoires de bois isolées, dans lesquelles on conservait au frais les aliments en renouvelant régulièrement les blocs de glace qui servaient au refroidissement. La glace coupée à la sciotte était entreposée dans des bâtiments où on l'entassait dans le bran de scie comme isolant.

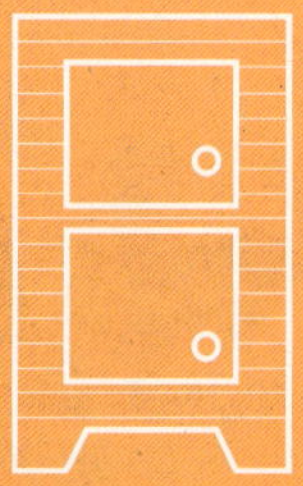

CONGÉLATION 101

VOICI QUELQUES PRINCIPES DE BASE QUI VOUS PERMETTRONT DE CONGELER ADÉQUATEMENT VOS PROVISIONS.

Vérifiez si **la température du congélateur est de -18 °C (0 °F)** ; c'est la température idéale même si de légères fluctuations sont normales. Placez-y un thermomètre à frigo pour l'avoir à l'œil. À cette température, les réactions chimiques qui causent la perte de qualité des aliments (incluant leur valeur nutritive) sont grandement ralenties. Même si cette température permet la cristallisation de l'eau des aliments en glace, ce qui ralentit ou arrête l'activité microbienne, elle ne permet pas de détruire tous les types de microorganismes ou leurs toxines. Il ne faut donc pas congeler des aliments gâtés ou qui présentent un début de moisissure en pensant que la congélation réglera les choses.

Évitez de trop remplir les contenants, car les liquides prennent de l'expansion lors de la congélation. Plus le goulot est étroit, plus il faut laisser de l'espace entre l'aliment et le couvercle.

Congelez certains fruits étalés en une seule couche sur une plaque, puis, une fois qu'ils sont gelés, transférez-les dans des plats ou des sacs de congélation. Ce truc est utile pour certains fruits comme les fraises et les framboises qui, autrement, tendent à figer ensemble au congélateur, ce qui est nettement moins pratique lorsqu'il faut en sortir une poignée pour garnir un yogourt. D'autres fruits, tels les bleuets, les canneberges et les raisins, ont moins tendance à coller ensemble et peuvent être congelés en une seule étape.

Blanchissez la plupart des légumes crus. À quelques exceptions près comme les oignons, l'ail, les poivrons, le poireau et la courgette râpée par exemple, les légumes gagnent à être blanchis avant d'être congelés. Cette étape permet d'inactiver des enzymes qui pourraient causer des changements notamment de saveur, de couleur et de texture. Il suffit de laisser les légumes quelques minutes dans l'eau bouillante (généralement de 1 à 4 minutes), puis de les plonger dans un bol d'eau glacée pour arrêter la cuisson (voir « Références et outils », page 188). Ensuite, on les égoutte et on les transfère dans des plats ou des sacs de congélation. Il ne sera pas nécessaire de les décongeler avant de les cuire.

Mesurez ce que vous congelez. Si vous avez besoin de 500 ml (2 tasses) de courgettes râpées pour vos boulettes (page 142) ou votre gâteau (page 173), et que vous avez congelé la courgette en vrac sans la mesurer, vous devrez décongeler le paquet entier pour prélever la quantité dont vous avez besoin. Proportionnez-les donc avant de les congeler. Même chose pour les purées de pomme ou de courge, qui entrent souvent dans la fabrication des pains, des gâteaux et des muffins.

Identifiez ce que vous congelez. Ce serait bête de dégeler un potage de betteraves, alors que vous vouliez un coulis de framboises ! Pour être certain de ne pas négliger l'identification, gardez des étiquettes ou du ruban adhésif et un crayon à l'encre indélébile dans la cuisine. Cela vous évitera de partir en expédition dans la maison chaque fois. Et inscrivez la date afin d'être en mesure d'assurer une bonne gestion de vos provisions : premières entrées, premières sorties !

Choisissez bien vos contenants de plastique. Certains plastiques ne sont pas conçus pour le congélateur. Si les pots de crème glacée qu'on peut réutiliser y sont adaptés, certains autres, comme les pots de yogourt ou de trempettes, ne le sont pas et peuvent fendre lorsqu'ils sont exposés aux grands froids. Le bac à glaçons est idéal pour congeler pestos, coulis et sauces ; faites-en votre nouveau meilleur ami !

Laissez tiédir les préparations chaudes avant de les placer au congélateur (soupes, sauces, etc.) pour éviter de faire varier la température du congélateur.

Retirez un maximum d'air des sacs de congélation avant de les placer au congélateur et après chaque ouverture, puisque c'est la présence d'air dans le sac ou le récipient qui cause la déshydratation des aliments. Il existe aussi des machines à emballer sous vide qui permettent d'optimiser la place au congélateur tout en favorisant la conservation, mais l'équipement a un coût et les sacs ne sont pas tous réutilisables une fois ouverts. À évaluer selon vos besoins !

DES TRUCS POUR OPTIMISER L'ESPACE

- Les boîtes de pogos, de pizzas pochettes ou de gaufres à déjeuner de l'industrie prennent de la place ! Utilisez mieux votre espace, achetez-en moins !
- Utilisez des sacs de congélation (que vous pourrez laver et réutiliser tant qu'ils sont intacts). Videz l'air des sacs et congelez les sacs individuellement à plat pendant 24 heures. Vous pourrez ensuite les empiler sans abîmer leur contenu.
- Privilégiez les plats carrés plutôt que les ronds. Ils limitent la perte d'espace.
- Pensez à congeler des bases à utiliser plus tard, plutôt que des recettes prêtes-à-manger. Par exemple, un sac de poireaux hachés prend moins d'espace qu'une quiche aux poireaux, et un coulis de poivron (page 93) prend moins de place que le potage de poivrons prêt-à-servir, puisqu'il est allongé avec du bouillon et de la crème.
- Des croûtes de glace envahissent votre congélateur ? Dégivrez-le, au besoin.
- Comme il n'y a pas que la congélation dans la vie, adoptez aussi les techniques présentées aux mois de juillet, d'août, de septembre et d'octobre, qui aident à bâtir des provisions tout en libérant de l'espace au congélateur !

Augmentez votre capacité !

Certains ont un garage, un sous-sol ou un racoin quelque part dans la maison qui pourrait accueillir un congélateur coffre (aussi appelé « congélateur tombeau »). Ces appareils utilisent relativement peu d'énergie et font une différence énorme sur la capacité de stockage. On trouve facilement des congélateurs « usagés » à petit prix. Les petits modèles peuvent loger dans un grand placard ou sous un escalier, par exemple. Ils peuvent être transformés en banc dans une entrée ou en surface pour plier les vêtements dans la salle de lavage. Vous vivez dans un immeuble ? Il y a peut-être un espace au sous-sol ou au stationnement souterrain qui permettrait de mettre un grand congélateur coffre à partager entre voisins. Soyez créatif !

Quelles quantités congeler ?

La réponse à cette question est évidemment variable. Si l'espace de congélation est petit, la réponse est : ce que vous pouvez, en commençant par vos priorités. Par exemple, si un aliment en particulier vous manque lorsqu'il n'est plus en saison, misez sur celui-là. Vous êtes fou du brocoli et aimeriez le servir en accompagnement une fois toutes les deux semaines durant la saison moins verte (disons de décembre à avril inclusivement) ? Calcul rapide : cinq mois équivalent à 20 semaines. Du brocoli toutes les deux semaines, cela donne 10 portions familiales de fleurons à congeler. Même dans un congélateur (bien organisé !) régulier, c'est réaliste. Après, tout est une question d'adaptation ! Si vous avez un second congélateur et que vous tenez à votre brocoli hebdomadaire, congelez-en plus. Si, au contraire, une fois par mois vous rend heureux, congelez aussi autre chose en procédant au même genre de calcul.

Un coup d'oeil aux emballages

Il y a bien sûr des fruits et des légumes congelés en épicerie, mais comme pour les produits frais, vérifiez les provenances sur les emballages si vous souhaitez honorer votre volonté de *manger près*. Hors des supermarchés, on peut trouver des fruits congelés dans certaines boutiques à la ferme ou dans les épiceries fines. Explorez les commerces dans votre secteur qui offrent des fruits surgelés de fermes locales. Si vous n'en voyez pas, demandez-les ! Plus la demande sera formulée souvent, plus il y a de chances qu'elle soit entendue.

Combien de temps cela se garde-t-il au congélateur ?

Si vous cherchez une référence officielle sur les durées de congélation, utilisez le *Thermoguide* disponible sur le site Internet du MAPAQ (voir « Références et outils », page 188). N'oubliez pas que vous pouvez aussi vous fier à votre gros bon sens. Des écarts constants de température ou des emballages peu étanches raccourcissent la durée de conservation. Par exemple, un aliment qui semble déshydraté ou des sacs pleins de givre, ce n'est pas dangereux pour la santé, mais c'est probablement moins intéressant du côté du goût et de la texture. Inversement, lorsque les aliments sont conservés dans les conditions optimales, on peut souvent les laisser au congélateur plus longtemps que les temps recommandés.

PESTO « TROIS TIERS »

Voici une recette ultra-polyvalente, parfaite pour valoriser la fleur d'ail, tout en faisant honneur à quelques feuillages. Elle permet de congeler un peu de savoureux vert pour l'hiver !

POUR ENVIRON 250 ml (1 tasse généreuse)

Ingrédients

250 ml (1 tasse) de basilic tassé (ou un mélange d'herbes de saison au choix)

250 ml (1 tasse) de feuillages de saison tassés (fanes de radis ou de mini-rabiole, épinards, roquette, etc.)

250 ml (1 tasse) de fleurs d'ail, en tronçons

30 ml (2 c. à soupe) de graines de tournesol, rôties (facultatif)

30 ml (2 c. à soupe) de fromage local à pâte ferme, râpé (facultatif)

20 ml (4 c. à thé) de vinaigre de cidre

2,5 ml (½ c. à thé) de sel

1 ml (¼ c. à thé) de poivre

60 ml (¼ tasse) d'huile de tournesol, de cameline ou de chanvre (ou moitié-moitié, au choix)

Préparation

1. Au robot culinaire, mixer tous les ingrédients sauf l'huile. Au besoin, racler les parois du bol à l'aide d'une spatule.
2. Ajouter graduellement l'huile en filet, en mixant continuellement jusqu'à ce que la texture soit relativement homogène.
3. Congeler en portions de 125 ml (½ tasse) ou en portions plus petites dans un bac à glaçons.

Variantes

Pour un pesto plus classique, utiliser 750 ml (3 tasses) de basilic (en conservant quelques brins de fleurs d'ail). En employant plutôt 750 ml (3 tasses) de menthe ou de coriandre, on obtient des pestos originaux qui ajouteront de la personnalité à une foule de plats cet hiver (pages 149, 161 et 181).

Astuce budget

Il y a peut-être sur votre terrain un peu de verdure sauvage, quelques feuilles de pissenlit ou du chou gras (chénopode blanc) ? Eh bien, voilà un « tiers » de pesto gratuit !

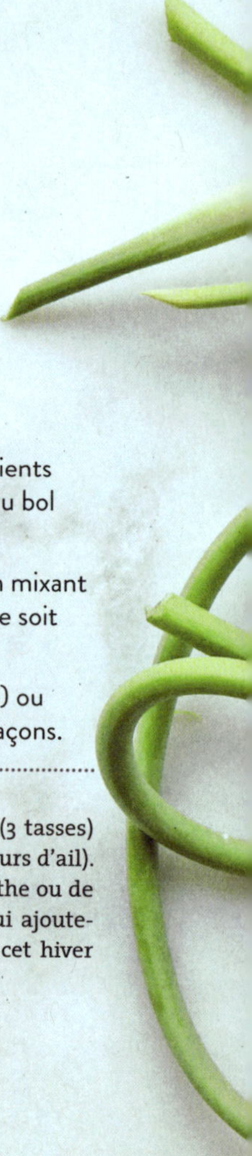

Juillet

En juillet, vous pouvez déjà vous réjouir de vos récoltes au potager ou dans les bacs du balcon. Vous pouvez compléter votre approvisionnement avec votre panier bio, s'il y a lieu, puis dans les marchés publics de votre secteur et ceux des régions que vous visiterez au fil de vos escapades estivales. Les visites de ferme et l'autocueillette sont des activités parfaites pour profiter de l'été, faire de savoureuses provisions de saison et enrichir votre culture agroalimentaire. Elles vous permettront également de prendre contact avec les gens passionnés et passionnants qui produisent les aliments, de vous laisser charmer par les paysages ruraux tout en passant du bon temps en famille ou entre amis. Lorsque vous reviendrez à la maison, vos victuailles fraîches vous inspireront sans aucun doute à passer à la cuisine. Invitez les enfants à se joindre à vous : quand ils manipulent, sentent, goûtent et découvrent les aliments en préparant une recette, ils bénéficient d'une précieuse transmission d'habiletés culinaires.

À FAIRE CE MOIS-CI :

Congeler des amélanches et des cerises griottes dénoyautées entières (page 44).

Continuer de prévoir du vert pour l'hiver : congeler plus de courgettes râpées et de pesto (pages 45 et 48), du brocoli et des pois verts.

Congeler du beurre de sauge (page 66).

Préparer des pots de framboises dans le sirop à l'érable (page 67).

Concocter des pots de compote (page 79) et de tartinade aux fruits d'été.

L'AMÉLANCHE

Cette baie a l'apparence d'un gros bleuet, mais sa couleur est plus pourpre que bleue et son goût rappelle celui de l'amande.

LES POIS SUCRÉS

Ils sont si sucrés qu'ils se laissent grignoter crus. Écossés, on peut les congeler et ajouter la cosse verte, en morceaux ou hachée, aux salades de saison.

LE BROCOLI, AU-DELÀ DES FLEURONS !

Ne boudez pas le pied des brocolis. Il suffit de le peler et de le couper en rondelles ou en bâtonnets avant de le faire cuire puis de l'intégrer partout où vous aimez le brocoli.

LE CHOU-RAVE VERT OU MAUVE

Pelé, il dévoile une chaire blanche juteuse et croquante au goût de chou tout doux. On le sert, entre autres, en crudité (bâtonnets) ou encore râpé dans une salade.

LE FENOUIL

Irrésistible avec sa saveur anisée, le bulbe de fenouil a une texture qui s'apparente à celle du céleri, tandis que le feuillage s'utilise comme les fines herbes. Les tiges, coriaces, se hachent finement et s'ajoutent aux recettes comme les potages.

LA BETTE À CARDE, UN LÉGUME DEUX EN UN

Pour cuisiner la bette à carde, séparez les tiges du feuillage. Les tiges s'apprêtent comme on le ferait pour le céleri, haché ou en tronçons, et peuvent s'intégrer à une foule de recettes. Le feuillage, lui, peut être servi comme on le ferait avec l'épinard.

LA FRAMBOISE

En voilà une qui se passe de présentation, mais pour laquelle on peut renouveler nos astuces de conservation (page 67).

Les vedettes de juillet

MISSION DU MOIS

VISITER LES KIOSQUES À LA FERME

Partout sur le territoire, il y a non seulement des marchés publics (on en reparlera en août), mais aussi des kiosques qui permettent de s'approvisionner directement à la ferme. C'est rapide, efficace, et on est sûr de trouver des produits frais de la région.

Certains sont des boutiques de ferme où l'on rencontre des gens qui répondent à nos questions et qui offrent parfois même des dégustations. D'autres fois, les kiosques sont basés sur la confiance : il n'y a personne sur place, les prix des produits sont indiqués près de chacun d'eux ou sur un tableau et il ne tient qu'à vous de glisser votre paiement dans une petite boîte prévue à cet effet.

Si vous avez le temps, faites de l'autocueillette. Voilà qui transforme l'approvisionnement en moment agréable et mémorable ! Chaque fois, vous repartirez avec une partie de votre *épicerie* complétée sur les lieux mêmes de production : des aliments qui n'ont pas voyagé et qui ont un vrai goût de revenez-y !

TECHNIQUE DU MOIS

LA MISE EN CONSERVE DES FRUITS

Si vous ne manquez pas d'espace pour conserver tous vos fruits de saison congelés, la mise en pots est plutôt facultative pour vous, puisque les coulis, les compotes et les confitures se congèlent parfaitement. Vous pourriez vous en tenir à quelques petits pots à offrir en cadeau.

Si vous faites partie des gens qui manquent d'espace au congélateur pour toutes ces provisions, la mise en pots d'aliments acides, comme la majorité des fruits locaux, vous sera d'un grand secours puisqu'elle permet la conservation à la température de la pièce. La technique à apprivoiser, relativement simple, consiste en un traitement de chaleur à l'eau bouillante. Pas de panique. Dites-vous que si vous savez comment cuire des pâtes, vous maîtrisez déjà la base !

Contrairement à ce qu'on peut croire, faire des conserves n'exige pas un temps fou. Quand on y pense, les étapes les plus longues (apprêter les fruits et réaliser la recette) sont faites de toute façon quand on prépare des compotes et des confitures à congeler. La différence majeure entre la congélation et la mise en conserve, c'est le temps du traitement à l'eau bouillante (pendant lequel vous pouvez aussi faire autre chose). Puis, vous vous remercierez en janvier !

On associe souvent l'idée de « faire des petits pots » à la tradition, à grand-maman, au passé. Or, après la congélation, la mise en conserve est la technique la plus moderne présentée dans ce livre (le séchage et la fermentation sont millénaires…). Elle remonte seulement aux années 1800, alors que Nicolas Appert (1749-1841), un cuisinier-confiseur français, développait une technique pour chauffer des bouteilles de verre remplies d'aliments afin de les sceller. Et voilà, l'appertisation (du nom de son auteur) était née ! Il a fait tester son invention par la Marine française, qui a connu auprès d'elle un franc succès puisqu'elle permettait de conserver des provisions nourrissantes de manière salubre. En 1810, l'inventeur (qui n'a pas demandé de brevet) écrivait *L'Art de conserver pendant plusieurs années toutes les substances animales et végétales*, un livre dans lequel il expliquait son procédé, qui fut largement diffusé partout en France, tandis que des traductions étaient publiées ailleurs dans le monde.

MISE EN CONSERVE DES FRUITS 101

IL EXISTE DEUX MÉTHODES DE MISE EN CONSERVE DOMESTIQUE QUI IMPLIQUENT TOUTES DEUX UN TRAITEMENT DE CHALEUR. LE CHOIX DE L'UNE OU L'AUTRE DES MÉTHODES DÉPEND DE L'ACIDITÉ DU PRODUIT, LE PH CRITIQUE ÉTANT DE 4,6. AVEC LES ALIMENTS DONT LE PH SE SITUE AU-DESSUS DE 4,6, LE TRAITEMENT DE CHALEUR DOIT SE FAIRE SOUS PRESSION, GRÂCE À UN OUTIL SPÉCIAL, L'AUTOCLAVE. LES RECETTES ACIDIFIÉES OU NATURELLEMENT ACIDES (PH INFÉRIEUR À 4,6), COMME LA MAJORITÉ DES FRUITS, PEUVENT QUANT À EUX ÊTRE MIS EN CONSERVE GRÂCE AU TRAITEMENT DE CHALEUR À L'EAU BOUILLANTE, SANS PRESSION.

Braver sa peur... *yes you « canne »*!

Mon père était pilote d'avion. Jour après jour, il avait la responsabilité de la vie de centaines de personnes sur ses épaules. Un jour, ma mère lui a demandé s'il lui arrivait d'avoir peur. Sa réponse l'a étonnée, et marquée : « J'ai peur tous les jours. C'est ce qui nous sauve la vie, les passagers et moi. » En d'autres mots, être conscient de sa responsabilité le rendait alerte.

Parmi les raisons les plus souvent évoquées pour ne pas se lancer dans la mise en conserve, il y a bien sûr le fameux manque de temps. Mais il y a aussi la peur des intoxications associées aux conserves mal faites. La peur de s'intoxiquer ou d'intoxiquer quelqu'un en paralyse plus d'un.

Il est vrai qu'une mauvaise technique peut avoir des conséquences indésirables. Mais il faut insister sur les mots *mauvaise technique*, au même titre qu'une mauvaise technique de pilotage, que ce soit d'un avion ou d'une voiture, comporte aussi des risques. On peut faire des conserves dans un état d'esprit semblable à celui du pilote d'avion. Comme les pilotes qui étudient leur appareil et leur plan de vol avant de se lancer, il faut d'abord s'approprier la technique et la recette à exécuter. C'est normal.

D'où vient le risque ?

La « peur » des conserves vient de la menace du botulisme alimentaire, une maladie rare mais grave qui peut causer la paralysie musculaire, voire la mort. Pas de panique ! On court chaque jour des risques beaucoup plus grands et beaucoup moins « contrôlables » que celui de faire des conserves !

Le botulisme alimentaire est causé par l'ingestion d'aliments contaminés par la toxine botulique, qui peut se former dans une conserve durant l'entreposage. La responsable ? La bactérie *Clostridium botulinum*. Les conditions favorables à sa multiplication et au développement de la toxine ? L'absence d'oxygène, la température de la pièce, l'humidité et un milieu peu acide (pH supérieur à 4,6). Bref, les conditions régulièrement retrouvées dans une conserve… **si elle est peu acide !** Or, la grande majorité de nos fruits locaux sont acides !

Certaines exceptions existent, la banane et la papaye par exemple, mais ce ne sont évidemment pas des fruits locaux. Chez nous, le melon semble être le seul fruit local à avoir un pH supérieur à 4,6. Les autres – fraises, framboises, groseilles, cerises, bleuets, mûres, argouses, poires, pommes, prunes, cerises de terre, canneberges – ne franchissent généralement pas la barre du pH 4,6 et donc peuvent être mis en conserve à l'eau bouillante. Puisqu'il peut y avoir des variations de pH d'une variété de fruit à une autre, par précaution et pour vous rassurer davantage, on ajoute souvent aux recettes quelques gouttes d'acidifiant local (par exemple le vinaigre de cidre). Encore nerveux ? Mesurez l'acidité de vos préparations à l'aide d'une bandelette à pH, tout simplement.

Quelle est l'utilité du traitement à la chaleur s'il n'y a pas de risque de botulisme ? Il permet d'éviter d'autres types de contaminations en détruisant les microorganismes qui pourraient s'introduire dans les bocaux durant le remplissage. Il permet aussi d'évacuer l'air des pots, créant ainsi un sceau bien hermétique qui empêche la contamination et l'oxydation durant l'entreposage. Une éventuelle défaillance du sceau hermétique entraîne un risque de contamination qui laisserait généralement des traces visuelles (moisissures, bocal craqué ou présence de coulisses) ou odorantes (inutile de vous faire un dessin !). Au MOINDRE doute, ce n'est pas compliqué, jetez la conserve. Ce sont des choses qui arrivent à tout le monde, même aux « canneux » avertis.

Le matériel nécessaire

- Pots en verre conçus pour la mise en conserve (de types Mason, Ball ou Bernardin). (S'assurer qu'ils sont propres. Examiner les pots et éliminer ceux qui sont craqués ou ayant un rebord ébréché : un pot craqué ou très égratigné peut fendre durant le traitement à l'eau bouillante, alors qu'un rebord ébréché empêchera la formation d'un sceau hermétique.)
- Couvercles en deux pièces, lavés et rincés (le couvercle plat doit être neuf, la bague [anneau de métal] peut être réutilisée)
- Marmite ou grande casserole avec couvercle
- Grille ou support (faute de support, un linge)
- Pince à bocaux
- Entonnoir (pour le remplissage des pots)
- Louche
- Petite spatule en caoutchouc
- Linges propres
- Marqueurs ou étiquettes

À chacun sa technique

Vous avez peut-être dans votre entourage des gens qui font de la mise en conserve avec une méthode différente du procédé « officiel » présenté à la page 60 ; des personnes qui ont des milliers de bocaux derrière la cravate et qui affirment « avoir toujours fait ça comme ça et que personne n'est mort ». (Fiou !) De la stérilisation au four à celle qui se fait au lave-vaisselle en passant par l'utilisation de la cire comme scellant, il existe une panoplie de trucs qui, pourtant, ne sont pas aussi sécuritaires que la méthode officielle que nous vous présentons. Voilà, c'est dit.

TECHNIQUE DE BASE POUR LA MISE EN CONSERVE

	COMMENT FAIRE	POURQUOI
CHOIX ET PRÉPARATION DE LA RECETTE	Choisir une recette qui inclut de préférence des renseignements sur les exigences relatives à la taille des pots, à la durée du traitement à la chaleur, au rendement, etc.	Plus les indications sont précises, plus le processus sera rassurant.
	Préparer la recette à base de fruits frais de bonne qualité.	La mise en pots n'améliore pas la condition des produits, il faut donc miser sur la qualité dès le départ.
PRÉPARATION DES POTS ET DES COUVERCLES	Placer la grille (ou un linge) dans le fond d'une marmite ou d'une grande casserole.	Pour éviter les chocs des pots avec le fond de la marmite.
	Laver les pots (à l'eau chaude savonneuse ou au lave-vaisselle) et les mettre (sans couvercle) dans la marmite. Remplir les pots et la marmite d'eau, de manière à couvrir entièrement les pots. Porter à ébullition. Si votre recette n'est pas encore prête, réduire le feu et laisser les pots dans l'eau très chaude jusqu'à l'empotage.	Il est important de réchauffer les pots pour éviter un choc thermique lorsqu'ils seront remplis d'aliments chauds.
	Mettre les couvercles neufs propres dans une petite casserole, les couvrir d'eau et chauffer à feu doux. Éviter de les faire bouillir : cela pourrait faire fondre la bande de caoutchouc. Éteindre le feu et laisser tremper les couvercles dans l'eau chaude jusqu'à leur utilisation. Laver les bagues à l'eau chaude savonneuse et les mettre de côté.	On chauffe les couvercles afin d'assouplir la bande de caoutchouc qui sert à sceller les pots. Certains fabricants ont déterminé que cette étape est superflue, puisque la bande ramollit de toute manière plus tard, durant le traitement de chaleur. Utiliser seulement des couvercles neufs puisque la bande de caoutchouc n'est étanche qu'une seule fois. Les bagues et les pots peuvent être réutilisés s'ils sont bien nettoyés.
	Sortir les pots de l'eau chaude à l'aide de la pince à bocaux. Transvider l'eau qu'ils contiennent dans la marmite. Les déposer sur un linge propre placé sur le comptoir ; éviter de toucher au goulot en les manipulant.	Le linge permettra d'éviter les chocs. S'abstenir de toucher au goulot évitera les brûlures et la contamination des pots.
REMPLISSAGE ET FERMETURE DES POTS	Remplir les pots à l'aide de l'entonnoir en conservant un espace de tête, c'est-à-dire un espace entre la surface de l'aliment et le rebord supérieur du pot. Voici les espaces à respecter (s'ils ne sont pas mentionnés dans la recette) : • Confitures, gelées : 0,5 cm (¼ po) ; • Fruits dans le sirop, marinades, ketchups, salsas, relishs et chutneys : 1 cm (½ po).	Les aliments prennent du volume durant le traitement de chaleur. S'il y a trop peu d'espace de tête, le liquide pourrait s'écouler. S'il y a trop d'espace, tout l'air dans le pot ne pourra pas s'échapper durant le traitement de chaleur.

Côté budget

Si vous vous équipez de A à Z pour faire des conserves et que vous ne faites que six pots dans l'année, l'expérience sera certainement délicieuse, mais peut-être pas des plus économiques. Elle le devient toutefois si vous mettez régulièrement en pots des produits de saison, donc généralement au meilleur prix compte tenu de leur abondance sur les étals. Le coût relativement modeste de l'équipement est vite absorbé si vous faites quelques douzaines de pots et encore plus s'ils vous font épargner temps et argent en devenant des cadeaux gourmands (page 135). En fait, la seule chose que vous devrez renouveler d'année en année, ce sont les couvercles plats, mais qui sont peu coûteux !

Artisans gourmands à la rescousse

L'auteure George Sand a dit à propos des confitures : « On ne peut pas confier cette besogne. Il faut la faire soi-même et ne pas la quitter des yeux. C'est aussi sérieux qu'écrire un livre. » L'idée pour *manger près*, c'est de ne pas confier cette besogne à certains joueurs de l'industrie alimentaire qui produisent en gros volume des substances à tartiner aux ingrédients anonymes. Si vous manquez de temps ou si vous n'avez pas envie de vous lancer dans la confection de confitures, n'oubliez pas que nombreux sont les artisans gourmands qui en proposent et les agriculteurs qui transforment leurs propres produits. Vous les trouverez, entre autres, à la ferme, au marché public ainsi que dans les épiceries et les kiosques qui s'approvisionnent auprès des agriculteurs.

	COMMENT FAIRE	POURQUOI
REMPLISSAGE ET FERMETURE DES POTS (SUITE)	Une fois les pots remplis, enlever les bulles d'air avec un outil non métallique (par exemple glisser une spatule le long des parois et entre les aliments). Vérifier de nouveau l'espace de tête et ajuster, au besoin.	Un ustensile en métal pourrait égratigner les parois intérieures des pots, les rendant plus fragiles et propices à éclater durant le traitement de chaleur.
	Nettoyer le rebord des pots avec un linge propre ou un essuie-tout humide.	Des rebords propres permettront d'éviter que des particules d'aliments ne compromettent le scellage.
	Déposer les couvercles plats sur les pots et visser la bague du couvercle jusqu'au point de résistance. Ne pas la serrer au maximum.	Si la bague est trop serrée, l'air ne pourra pas s'échapper du pot durant le traitement de chaleur et alors le vide nécessaire ne sera pas créé. Si la bague n'est pas suffisamment serrée, le contenu pourrait s'échapper du pot pendant le traitement thermique.
TRAITEMENT DE CHALEUR DES POTS REMPLIS	Remettre les pots dans la marmite d'eau chaude ; le niveau d'eau doit dépasser celui des pots de 2,5 à 5 cm (de 1 à 2 po). Si l'eau ne bout pas déjà, la chauffer de nouveau jusqu'à ébullition.	Les pots doivent être submergés dans l'eau pour assurer que la chaleur est égale partout.
	Effectuer le traitement de chaleur selon le temps indiqué dans la recette. Commencer à calculer le temps de traitement seulement lorsque l'eau bout.	Si vous habitez dans une des quelques municipalités québécoises situées entre 1001 et 3000 pieds d'altitude (305 à 914 m), comme Lac-Etchemin ou Saint-Zénon, ajoutez 5 minutes au traitement de chaleur.
	Une fois le temps écoulé, fermer le feu et laisser reposer les bocaux 5 minutes dans l'eau.	Ce temps d'attente permet au contenu des pots d'arrêter de bouillir et à la pression à l'intérieur du pot de se stabiliser.
REFROIDISSEMENT ET VÉRIFICATION DES POTS	Utiliser la pince pour sortir les pots de la marmite et les déposer debout (pas à l'envers) sur une double épaisseur de linges à vaisselle propres, sur le comptoir ou encore sur une planche à découper, une plaque de cuisson ou un cabaret. Laisser refroidir. Ne pas visser la bague.	**Attention :** visser la bague pourrait desceller le pot ! Déposer les pots sur une planche, une plaque ou un cabaret facilite leur déplacement puisqu'ils ne devraient pas être manipulés pendant 24 heures.
	Vérifier que les couvercles sont bien enfoncés : ont-ils émis le son « poc » ? Sont-ils incurvés vers le bas ? Lorsqu'on impose une pression du doigt sur les couvercles, restent-ils immobiles ? Après 24 heures, il est possible de laisser la bague en place ou de l'enlever. Éviter toutefois de la resserrer.	Voir « Le "POC !" de la satisfaction » et « On dédramatise ! » à la page suivante. Lorsqu'on appuie sur les couvercles avec le doigt, ils ne doivent pas bouger. Le contraire indique que le scellage n'est pas hermétique.
IDENTIFICATION ET ENTREPOSAGE DES POTS	Identifier les pots (contenu et date).	
	Entreposer les pots à l'abri de la lumière et des variations de température pour éviter l'oxydation des aliments.	Il est conseillé de consommer les bocaux dans l'année suivant leur préparation. Une fois ouverts, les pots se conservent au réfrigérateur. La durée varie alors selon le produit (plusieurs semaines pour les marinades, quelques jours pour des fruits dans le sirop léger ou les confitures réduites en sucre).

LE « POC ! » DE LA SATISFACTION

RIEN DE TEL QUE D'ENTENDRE UNE SYMPHONIE DE « POC ! » APRÈS LE TRAITEMENT DE CHALEUR ! LE SON « POC ! » INDIQUE QUE LA CONSERVE EST ÉTANCHE. QUAND LES POTS D'ALIMENTS SONT CHAUFFÉS, LES ALIMENTS ET L'AIR PRENNENT DU VOLUME. L'EXPANSION DE CES DEUX ÉLÉMENTS POUSSE L'AIR HORS DU POT. CET AIR S'ÉCHAPPE EN SOULEVANT LE COUVERCLE PLAT QUI EST RETENU PAR LA BAGUE. C'EST D'AILLEURS POUR CELA QU'IL NE FAUT SURTOUT PAS VISSER LA BAGUE TROP SERRÉ : L'AIR DOIT POUVOIR S'ÉCHAPPER DU POT DURANT LE TRAITEMENT DE CHALEUR.

Quand les pots refroidissent après le traitement de chaleur, puisque l'air a été expulsé du pot, une succion se produit et tire le couvercle vers l'intérieur (il devient concave). C'est ce « sous vide » qui assure l'étanchéité à l'air et qui permet donc la conservation sécuritaire des aliments.

L'innocuité de la conserve vient du traitement de chaleur (qui détruit les microbes qui seraient présents dans le pot) et de l'étanchéité du couvercle. La conserve doit être étanche pour prévenir les contaminations en empêchant les microbes d'entrer dans le pot après la mise en conserve... et maintenir ainsi sa salubrité.

On dédramatise !

Certains de vos pots ne font pas « POC ! » et les couvercles ne se creusent pas vers le bas ? Ces pots ne sont pas étanches, et ne pourront pas être conservés à la température ambiante avec les autres. C'est normal que cela arrive de temps en temps, et ce n'est pas grave ! Rien n'est perdu (sauf un couvercle) ! En effet, si votre mise en conserve n'a pas fonctionné pour un pot d'un lot de six, vous pouvez très bien décider d'entreposer pour l'hiver les cinq pots qui ont fonctionné et vous faire le plaisir de savourer dans les prochains jours celui qui n'est pas sous vide, en le rangeant tout simplement au réfrigérateur. Selon le produit (une compote, une confiture, une sauce tomate...), vous pourriez aussi transvider le contenu du pot dans un sac ou un plat de congélation et le congeler. Enfin, si vous y tenez, vous pouvez mettre un nouveau couvercle et recommencer le traitement de chaleur. Tout le monde rate une fournée de biscuits de temps en temps, et n'en fait pas tout un plat... pas vrai ?

UN MOT SUR LE SUCRE

QUAND ON PARLE DE CONSERVES FRUITÉES, ON NE PEUT FAIRE ABSTRACTION DU SUCRE. UN MOT SUR LA QUANTITÉ ET LA QUALITÉ.

À propos de la quantité

Certains croient que réduire le sucre dans les recettes de conserve pourrait les rendre moins sécuritaires. Sur ce point, ne vous faites pas de souci : ce sont l'acidité du produit et le traitement de chaleur à l'eau bouillante qui assurent la sécurité de vos pots. C'est une fois le pot ouvert qu'un produit moins sucré se conservera moins longtemps que celui qui le serait davantage. Vous pourrez donc faire des fruits en pots dans un sirop très sucré comme dans un sirop moyennement sucré, léger, très léger, voire juste dans l'eau.

Par contre, les ratios de sucre sont importants à respecter dans les recettes de confitures ou de gelées qui comportent certains types de pectines. La pectine n'est toutefois pas toujours requise et certaines délicieuses recettes de tartinades n'en contiennent pas (page 131).

Un mot sur la qualité

Après vous être approvisionné en produits frais auprès de fermiers consciencieux pour mettre ces précieuses récoltes en pots… désirez-vous vraiment les noyer dans le sucre blanc anonyme importé ? Pourquoi ne pas prendre lentement l'habitude de cuisiner sans sucre blanc et sans cassonade, en les remplaçant dans vos recettes par du miel, du sirop d'érable, du sucre d'érable, du jus de pomme ou des purées de fruits ? En partant du principe que ce n'est pas le sucre qui assure la sécurité des conserves, mais plutôt l'acidité et le traitement de chaleur, il n'y a pas de contre-indication à utiliser le miel ou le sirop d'érable dans les sirops légers pour les fruits en conserve, ou encore le sucre d'érable dans une confiture. Tentez le coup, vous y prendrez goût !

Astuce

Nommez vos recettes APRÈS les avoir terminées… Si une gelée ne « prend » pas, appelez ça un sirop ! Si une confiture est trop liquide, appelez-la un coulis ! Ni vu ni connu !

BEURRE DE SAUGE

Des beurres aromatisés, vous pourrez en faire de toutes les sortes (à l'ail, au persil, au piment, à la ciboulette, etc.). Voici une version à la sauge particulièrement délicieuse avec les pommes de terre, parfaite également pour préparer des croûtons maison (page 148) ou encore de mémorables plats de pâtes ou de gnocchis que vous serez heureux de savourer quand la neige aura recouvert le balcon ou le potager !

DONNE UN BOUDIN DE 225 g (½ lb) de beurre – facile à doubler

Ingrédients

225 g (½ lb) de beurre

1 petite botte de sauge fraîche (une quarantaine de feuilles moyennes)

Préparation

1. Dans une poêle, à feu moyen, faire fondre le beurre et le chauffer environ 5 minutes jusqu'à ce qu'il devienne légèrement doré.
2. Pendant ce temps, hacher la sauge, puis l'ajouter au beurre (cela crépite, c'est normal). Chauffer environ 1 minute, puis retirer la poêle du feu.
3. Verser le beurre dans un plat. Laisser tempérer plusieurs heures, en mélangeant de temps en temps pour assurer une texture uniforme.
4. Lorsque le beurre est redevenu opaque, le verser au centre d'une feuille de pellicule de plastique. Rabattre un côté de la feuille sur l'autre et rouler de façon à former un boudin. Saisir les deux bouts de la pellicule de plastique et les utiliser pour tortiller le boudin afin de le compacter.
5. Conserver le boudin au congélateur.

Variante

Une fois que le beurre a tempéré, on peut aussi le répartir dans des bacs à glaçons pour le congeler en petites portions.

FRAMBOISES DANS LE SIROP À L'ÉRABLE

Les confitures, c'est exquis, mais cela ne remplit pas les assiettes de fruits pendant l'hiver. Puisque les livres et le Web regorgent de recettes de confitures (que je vous encourage à cuisiner avec des sucres locaux), mais proposent moins de recettes de fruits en conserves sous d'autres formes moins sucrées, j'en partage plusieurs dans ce livre en commençant par celle-ci que je refais, année après année.

DONNE 6 pots de 500 ml (2 tasses)

Ingrédients

1,3 à 1,5 kg (environ 9 casseaux)
de framboises fraîches, triées et rincées

1 litre (4 tasses) d'eau

1 boîte de 540 ml de sirop d'érable

Préparation

1. Effectuer l'étape de la préparation des pots et des couvercles (voir « Technique de base pour la mise en conserve », page 60).
2. Déposer les framboises dans les pots chauds en les compactant sans les écraser. Laisser 2 cm (1 po) d'espace de tête.
3. Dans une casserole, porter à ébullition l'eau et le sirop d'érable.
4. Verser le sirop bouillant sur les framboises jusqu'à 1 cm (½ po) du bord. Retirer les bulles d'air et fermer les pots (ne pas trop visser les bagues).
5. Déposer les pots dans la marmite d'eau chaude. Effectuer un traitement de chaleur de 15 minutes, puis fermer le feu et laisser reposer dans l'eau 5 minutes.
6. Retirer les pots de l'eau, les laisser refroidir et vérifier que les couvercles sont bien enfoncés.

Variante

Remplir les pots de bleuets et modifier l'étape 3 en portant à ébullition 500 ml (2 tasses) de bleuets avec le sirop d'érable, 500 ml (2 tasses) d'eau et 15 ml (1 c. à soupe) de vinaigre de cidre. Mixer au pied-mélangeur et poursuivre la recette.

Août

En août, l'abondance des produits frais se poursuit… et explose même ! Les récoltes vont bon train au jardin et les paniers bio sont généreux. Les occasions de visiter des fermes et de faire de l'autocueillette sont nombreuses ; vous pourrez repartir de vos visites la glacière bien remplie ! Août est aussi une période rêvée pour profiter des marchés partout au Québec. Un mois au cours duquel les récoltes sont particulièrement réjouissantes. Profitez-en au maximum !

À FAIRE CE MOIS-CI :

Congeler du maïs.

Continuer de prévoir du vert pour l'hiver : pestos variés (page 48), brocoli, rondelles de kale (page 76) et autres tombées de verdures. Il est encore temps de congeler des courgettes râpées (page 45) !

Préparer des pots de bleuets dans le coulis et toujours plus de framboises dans le sirop d'érable (page 67).

Concocter des pots de compotes variées (page 79).

Organiser un *party* de confection de sauce tomate (page 80).

LES TOMATES

Salade grecque, bruschetta, tomates-mozzarella… ce ne sont pas les idées qui manquent pour savourer les tomates des champs. On peut même les marier à certains fruits : essayez-les avec le melon d'eau, la pêche ou le cantaloup.

LE MAÏS

C'est la saison des épluchettes. Chaque fois que vous faites cuire du maïs pour un lunch ou un souper, préparez-en plus que nécessaire et égrainez-les à l'aide d'un grand couteau pour en congeler.

LE MELON D'EAU ET LE CANTALOUP

Pour prolonger la saison des melons, congelez-les en morceaux pour de futurs smoothies.

LES BLEUETS

Faciles à congeler et à sécher, les bleuets se conservent aussi en pots (page 67) qui feront votre bonheur cet hiver !

L'ARGOUSE

Le goût de ce petit fruit qui gagne à être mieux connu rappelle ceux du fruit de la passion et de la pêche, mais avec l'acidité des agrumes. Il se congèle bien.

LES PÊCHES

Il en pousse encore très peu au Québec, si bien qu'elles arrivent de chez nos voisins ontariens, notamment du secteur de Niagara. Elles viennent de pas mal plus *près* que celles qui traversent océans et continents.

LE CHOU VERT FRISÉ

Souvent appelé par son nom anglais *kale*, le chou vert frisé ne pousse pas en « pomme », mais plutôt en feuilles sur une tige. On le savoure (et on le congèle, voir page 76) cru ou cuit, après avoir retiré la nervure centrale qui est généralement coriace.

Les vedettes d'août

MISSION DU MOIS

PROFITER DES MARCHÉS

Plus de 120 marchés se déploient chaque été partout dans la province. La plupart étant saisonniers (de juin à septembre ou octobre, selon les cas), il faut profiter des belles journées estivales pour multiplier les visites dans ces marchés, qui sont bien plus que des lieux d'approvisionnement.

On peut en effet y faire de précieuses rencontres avec les agriculteurs et les artisans gourmands, mais aussi avec des gens de la communauté locale. Vous manquez d'inspiration pour cuisiner l'aubergine ? Piquez une jasette avec le fermier qui l'a cultivée ! Son produit, il le connaît par cœur et sera capable de vous guider dans sa préparation. Et puis, la cliente qui attend derrière vous pour acheter ses gousses d'ail aura peut-être une suggestion pour vous inspirer ! L'atmosphère des marchés est propice aux échanges : on goûte, on discute, on pique-nique, on profite de l'ambiance et on participe aux différentes activités qui ont lieu au fil des semaines, telles que les ateliers, les démonstrations et les journées thématiques.

La semaine des marchés publics

Chaque année à la mi-août, d'un bout à l'autre du Québec, on célèbre *La Semaine québécoise des marchés publics*. Elle tombe en pleine saison d'abondance, si inspirante pour célébrer les marchés et pour souligner leur caractère à la fois festif et rassembleur. Participez à la fête !

Côté budget

Au marché (c'est aussi vrai à la ferme et dans les paniers bio), on reçoit carottes, betteraves, céleri, mini-rabioles, radis, fenouil et autres délices de saison avec leur feuillage. Ce n'est rien de moins que deux légumes pour le prix d'un (pour des idées d'utilisation, voir pages 48 et 111) ! Des paniers de fruits ou de légumes « imparfaits » sont parfois offerts à bon prix ; une façon d'éviter le gaspillage et d'économiser quelques sous en achetant des aliments qui, une fois cuisinés, sont tout aussi délicieux !

Le cas des revendeurs

En visitant les grands marchés, principalement urbains, vous constaterez qu'il n'y a pas que des produits locaux de saison sur les étals. Des « revendeurs » achètent des fruits et des légumes, puis les offrent au marché public. Parfois, ces produits représentent l'essentiel d'un kiosque, et d'autres fois, ils servent à compléter l'offre d'une ferme dans le but de permettre plus de choix aux clients. Comme visiteur de grands marchés souhaitant *manger près*, vérifiez les indications de provenance sur les écriteaux et n'hésitez pas à poser des questions.

TECHNIQUE DU MOIS

LES CONSERVES DE LÉGUMES

Comme on l'a vu précédement, lorsque les aliments sont acides, la technique du traitement de chaleur à l'eau bouillante pour la mise en conserve suffit pour obtenir des produits sécuritaires et savoureux. Le pH des légumes est au-dessus de 4,6, mais la mise en conserve à l'eau bouillante est toujours possible grâce à l'ajout de vinaigre ou d'autres ingrédients acidifiants dans les pots. C'est notamment le cas de la sauce tomate (page 80) et de tout ce qui est vinaigré, comme les marinades (page 114), les chutneys (page 132), les ketchups (page 95) et les salsas (page 95).

Sans l'ajout de vinaigre ou d'autres ingrédients acidifiants, les conserves « côté légumes » ne sont naturellement pas assez acides. La mise en conserve de préparations à faible acidité, comme les soupes de légumes, les légumes « nature » (non marinés), les sauces aux légumes, etc., requiert une autre méthode que le simple traitement à l'eau bouillante : il leur faut le traitement à l'autoclave, qui se déroule « sous pression ». En raison de la pression, cet appareil peut atteindre les températures requises pour détruire les spores du botulisme. Eh oui ! Le revoici ! Contrairement aux bactéries, aux levures et aux moisissures, les spores du botulisme résistent à l'ébullition à 100 °C (212 °F). Si elles ne peuvent pas se développer dans un environnement acide, elles le peuvent dans l'environnement anaérobique (sans oxygène) des conserves peu acides. Pour que ces spores soient détruites, l'aliment doit être chauffé à une température d'au moins 116 °C (240 °F). Seul l'autoclave (marmite à pression conçue pour la mise en conserve) permet d'atteindre cette température. Le botulisme est donc tout à fait évitable si on choisit le traitement thermique approprié à l'acidité du produit à mettre en conserve, et qu'on applique la technique correctement. Dans ce livre, je présente seulement des recettes acidifiées utilisant la technique à l'eau bouillante.

Côté budget

Ne jetez pas la marinade de vos pots. Utilisez-la plutôt pour mariner autre chose, pour déglacer ou pour l'inclure dans une vinaigrette (page 157).

L'ACIDITÉ DE BASE

Dans les recettes de légumes marinés et autres ketchups aux fruits, chutneys, relishs et compagnie, c'est généralement l'utilisation du vinaigre qui assure l'obtention d'un produit suffisamment acide pour que la mise en conserve par traitement de chaleur à l'eau bouillante suffise. Les recettes comportent fréquemment le vinaigre blanc, le vinaigre de vin blanc ou de vin rouge, ou encore le vinaigre de cidre. Ces vinaigres, qui ont normalement un pH de 2,5 à 3,5 et un taux d'acide acétique (indiqué sur l'étiquette) de 4,5 à 5 %, sont interchangeables lorsque les recettes en contiennent une quantité importante (un chutney par exemple). Pour des recettes en mode *manger près*, privilégiez le vinaigre de cidre, puisque plusieurs fermes locales en produisent un excellent.

L'ACIDITÉ D'APPOINT

L'acidité d'appoint est importante dans le cas de certaines préparations, les sauces tomate par exemple. Les tomates sont à cheval sur le seuil du pH de 4,6 : d'une variété à l'autre et d'une année à l'autre, leur pH peut osciller entre 4,2 et 4,9. Dans ce cas, le traitement de chaleur à l'eau bouillante est sécuritaire à condition d'acidifier les tomates pour être certain que leur pH passe bel et bien sous le seuil de 4,6. Pour ce faire, la majorité des recettes recommandent l'ajout d'une petite quantité de jus de citron en bouteille (plutôt que de citron frais), puisque l'acidité de ce produit standardisé est stable à l'année. Pour des pots de sauce locale jusqu'au bout, pensez plutôt au vinaigre de cidre encore une fois, mais doublez les quantités. Plutôt que 15 ml (1 c. à soupe) de jus de citron par pot de 500 ml, utilisez 30 ml (2 c. à soupe) de vinaigre.

Et le sel dans tout ça?

Il est préférable de ne pas utiliser de sel de table pour faire ses marinades et d'opter pour un sel à marinades : il ne contient pas d'additifs qui tendent à brouiller la saumure et ses cristaux sont plus gros. D'autres sels, comme le sel de mer, peuvent convenir tant qu'ils n'ont pas d'additifs.

RONDELLES DE CHOU FRISÉ

Congeler du kale « tombé » et assaisonné, non seulement ça occupe peu de volume au congélateur, mais en prime c'est prêt-à-l'emploi dans une foule de plats comme des soupes (page 148), de la béchamel, des œufs bénédictine et des accompagnements.

DONNE 6 rondelles de 60 ml (¼ tasse)

Ingrédients

45 ml (3 c. à soupe) d'huile de tournesol

3 grosses gousses d'ail hachées

1,5 litre (6 tasses) de feuilles de chou frisé tassées, sans la tige centrale, rincées et hachées grossièrement

125 ml (½ tasse) d'eau

Sel et poivre, au goût

Préparation

1. Dans une grande casserole, chauffer l'huile à feu moyen et faire revenir l'ail 2 minutes ou jusqu'à une légère coloration.
2. Ajouter le chou et l'eau. Porter à ébullition, puis réduire le feu à moyen pour faire tomber la verdure en brassant régulièrement pendant 5 à 7 minutes, ou jusqu'à ce que la plus grande part de l'eau soit évaporée. Assaisonner, au goût.
3. Remplir une tasse à mesurer de 60 ml (¼ tasse) de tombée de chou bien tassée, et transférer cette portion en la pressant au fond d'un compartiment d'un moule à muffins afin de former une rondelle (un peu de liquide devrait apparaître à la surface quand on presse). Répéter l'opération pour toute la préparation.
4. Placer le moule au congélateur. Une fois que les rondelles sont gelées, les transférer dans un plat ou un sac de congélation.

Variante

Si vous prenez l'apéro en cuisinant et que vous avez envie de mettre dans la casserole du vin blanc plutôt que de l'eau, laissez-vous aller ! Cette idée de recette est parfaite si vous avez quelques autres verdures à valoriser (fanes de radis, épinards, etc.). Ajoutez les verdures plus délicates 2 ou 3 minutes après le kale qui, plus coriace, demande quelques minutes supplémentaires pour s'attendrir.

MAI	JUIN	JUILLET	AOÛT	SEPTEMBRE	OCTOBRE
1 kg de pommes	1 kg de pommes	1 kg de pommes	1 kg de pommes	1 kg de pommes	1 kg de pommes
1,5 kg de rhubarbe	500 g de rhubarbe	750 g de fraises ou de framboises	500 g de cerises de terre	500 g de prunes ou de cerises de terre	500 g de courge
	1 kg de fraises	750 g de cerises	1 kg de fraises	1 kg de pêche	1 kg de poires

* Les poids sont ceux des fruits prêts à compoter, selon le cas pelés, dénoyautés, équeutés, etc.

COMPOTES DE SAISON

La compote est un grand classique. Ce qui est intéressant, c'est de la faire évoluer au fil des mois. Selon les fruits choisis et la texture désirée, vous obtiendrez souvent un peu plus que 4 pots de 500 ml. (Vous serez assuré d'avoir au moins 4 pots à ouvrir cet hiver, et tant mieux si vous en avez à savourer en extra dans l'immédiat !) Conserver la pelure des pommes, qui contient de la pectine, est intéressant quand on utilise des fruits plus riches en eau, comme la fraise et le bleuet.

DONNE 4 pots de 500 ml (2 tasses)

Ingrédients*

60 ml (¼ tasse) de sirop d'érable

15 ml (1 c. à soupe) de vinaigre de cidre

1 kg (2 lb) de pommes coupées en morceaux (voir le point 2)

500 g (1 lb) de prunes dénoyautées, coupées en quartiers

1 kg (2 lb) de bleuets

* On utilise le poids pour mesurer les fruits, car c'est plus précis qu'un nombre de fruits ou que le volume en millilitres (qui donnent une quantité de fruits différente selon leur grosseur).

Préparation

1. Effectuer l'étape de la préparation des pots et des couvercles (voir « Technique de base pour la mise en conserve », page 60) et les laisser dans l'eau chaude jusqu'à l'étape du remplissage.
2. Dans une grande casserole, mélanger le sirop d'érable et le vinaigre, puis y ajouter les fruits au fur et à mesure qu'ils sont coupés pour éviter leur brunissement.
3. Porter à ébullition à feu moyen-élevé, puis réduire le feu et laisser mijoter environ 20 minutes en brassant régulièrement.
4. Mixer au mélangeur à main jusqu'à la texture désirée (on peut conserver de la texture ou mixer jusqu'à purée lisse, c'est au goût !). La texture des compotes variera selon les fruits utilisés ; si elle semble trop liquide, la laisser réduire un peu à feu moyen-doux.
5. Remplir les pots en laissant un espace de tête de 2 cm (1 po). Enlever les bulles d'air et fermer (ne pas trop visser les bagues).
6. Déposer les pots dans la marmite d'eau chaude. Effectuer un traitement de chaleur de 15 minutes, puis fermer le feu et laisser reposer dans l'eau 5 minutes.
7. Retirer les pots de l'eau, les laisser refroidir et vérifier que les couvercles sont bien enfoncés.

Variantes

À vous de créer vos compositions, tant que vous conservez une base de pommes pour la texture et un total de 2,5 kg de fruits pour obtenir au moins 4 pots. Pourquoi ne pas y inclure des petits fruits locaux moins connus : aronia, argouse, camerise, amélanche, sureau, ce que vous aurez l'occasion d'avoir sous la main ! Voici, ci-contre, quelques exemples de mélanges, selon les fruits de saison.

SAUCE TOMATE DE BASE

Transformez vos projets de conservation en petites fêtes : préparez vos provisions de sauce tomate en famille ou entre amis. Cela vous permettra de joindre l'utile à l'agréable ! Ensuite, le butin pourra être partagé entre toutes les petites mains qui ont participé à sa confection. N'hésitez pas à faire aussi des *partys* de cornichons, de confitures et de tartes aux pommes !

DONNE : DE 12 à 15 litres (de 24 à 30 pots de 500 ml / 2 tasses)

Ingrédients

20 kg (45 lb) de tomates italiennes lavées

750 ml à 1 litre (3 à 4 tasses) de vinaigre de cidre (30 ml / 2 c. à soupe par pot de 500 ml ou 60 ml / ¼ tasse par pot de 1 litre)

60 à 75 ml (4 ou 5 c. à soupe) de gros sel (2,5 ml / ½ c. à thé par pot de 500 ml ou 5 ml / 1 c. à thé par pot de 1 litre)

Préparation

1. Blanchir les tomates (voir les notes à la page suivante) : faire une incision en x à la base des tomates à l'aide d'un couteau. Les plonger dans une casserole d'eau bouillante 1 minute ou jusqu'à ce que la peau décolle légèrement. Retirer les tomates de la casserole à l'aide d'une écumoire et les plonger dans un bol d'eau glacée. Enlever la peau (elle se retirera facilement à la main ; la conserver) (voir page 91).
2. Couper les tomates en deux et retirer le pédoncule et les pépins pour ne garder que la chair.
3. Faire un coulis en écrasant la chair des tomates manuellement (avec un presse-purée ou un pilon) ou mécaniquement (au presse-tomates, au mélangeur ou au robot culinaire).
4. Transvider le coulis obtenu dans une grande casserole et porter à ébullition. Réduire à feu moyen-doux et laisser mijoter, en brassant de temps à autre, de 1 heure 30 minutes à 2 heures ou jusqu'à l'obtention de la consistance désirée. La consistance en surface sera toujours plus liquide, alors il importe de bien brasser la sauce pour en évaluer la consistance globale. Plus la sauce mijote longtemps, plus elle sera épaisse.

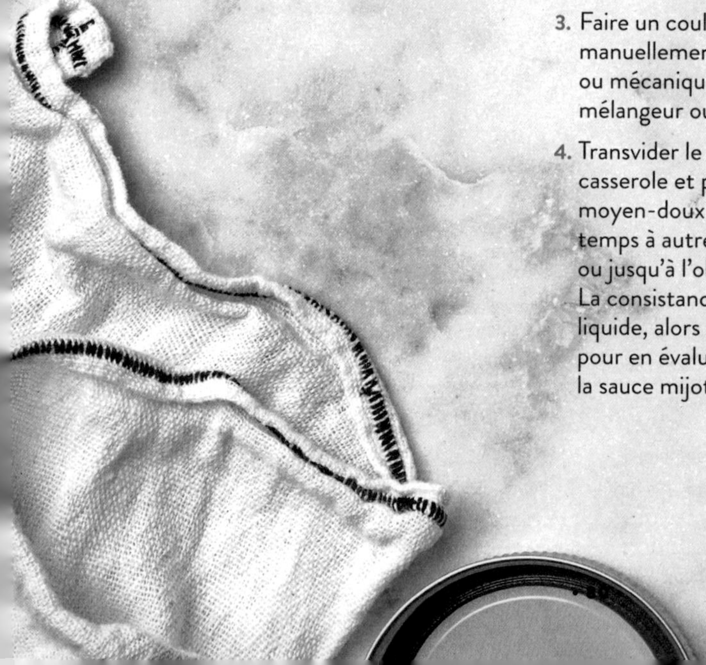

5. Effectuer l'étape de la préparation des pots et des bagues (voir « Technique de base pour la mise en conserve », page 60) et les laisser dans l'eau chaude jusqu'au moment d'y verser la sauce.
6. Lorsque la sauce est prête, avant de remplir les pots de sauce, ajouter 30 ml (2 c. à soupe) de vinaigre de cidre et 2,5 ml (½ c. à thé) de gros sel par bocal de 500 ml. Doubler ces quantités pour les bocaux de 1 litre. Remplir les pots de sauce en laissant 1 cm (½ po) d'espace de tête. Enlever les bulles d'air et fermer (ne pas trop visser les couvercles).
7. Déposer les pots dans la marmite d'eau chaude. Effectuer le traitement de chaleur pendant 35 minutes pour les pots de 500 ml ou de 40 minutes pour les pots de 1 litre, puis fermer le feu et laisser reposer dans l'eau 5 minutes.
8. Retirer les pots de l'eau, les laisser refroidir et vérifier que les couvercles sont bien enfoncés.

Notes

Si vous utilisez un appareil presse-tomates qui sépare la peau et les pépins de la chair, vous n'avez pas à blanchir, à peler et à épépiner les tomates (étapes 1 et 2).

Si vous savourez la sauce nature, sur des pâtes par exemple, ajoutez-y au besoin une cuillère de sucre d'érable, en la réchauffant, pour balancer l'acidité. Autrement, on peut littéralement l'utiliser à toutes les sauces (voir des exemples aux pages 95, 148 et 149). C'est pour cette raison que la recette n'inclut pas d'aromates : il vaut mieux parfumer sa sauce au moment de la cuisiner. Par exemple, vous voudrez peut-être y ajouter du pesto de coriandre dans un plat à la mexicaine, du gingembre pour la servir avec un poisson, ou la laisser réduire avec de l'ail et de l'origan pour obtenir une savoureuse sauce à pizza (page 156).

KIOSQUE
DE CHAMP
AUTO CUEILLETT
POMMES
TOMATES
LÉGUMES
CITROUILLE

Septembre

Septembre, c'est la rentrée. C'est aussi l'abondance de fruits et de légumes locaux qui se poursuit et même se multiplie ! Les variétés estivales sont encore disponibles : il n'est donc pas trop tard pour utiliser les techniques proposées aux mois de juillet et d'août et faire provision de ce que vous n'avez peut-être pas eu le temps de conserver dans les semaines passées. En plus, les saveurs d'automne font leur arrivée. C'est une saison aux mille possibilités d'agrotourisme, en commençant par la journée Portes ouvertes sur les fermes du Québec : plus de 100 fermes offrent des activités spéciales aux visiteurs partout en province. C'est également le temps de l'autocueillette des fruits des vergers (pommes, poires, prunes). De quoi bien remplir vos week-ends, d'autant plus que de nombreux marchés publics saisonniers sont encore en activité.

À FAIRE CE MOIS-CI :

Préparer des pots de compote (page 79) et de salade de fruits (page 94).

Planifier un *party* de sauce tomate (il est encore temps !) (page 80) et faire des pots de salsa (page 95) et de ketchup aux fruits (page 95).

Congeler du maïs ainsi que des bouquets de chou-fleur et du gingembre local.

Préparer et congeler du coulis de poivron rouge (page 93) et des poivrons en lanières.

Sécher des fruits et des fines herbes (thym, menthe, sauge, mélisse, romarin...) (page 87).

LES PRUNES

Elles se dégustent fraîches, s'ajoutent dans les salades de saison, se mijotent dans les recettes salées ou sucrées comme dans les croustades. Séchées, elles deviennent des pruneaux !

LES POIVRONS ET LES PIMENTS

De toutes les couleurs et grandeurs, légèrement piquants ou brûlants, ce ne sont pas les options qui manquent dans le monde des poivrons et des piments ! Préparez le coulis de la page 93 pour faire durer le plaisir cet hiver.

LES AUBERGINES

On leur fait honneur en les préparant à la parmigiana ou on cuisine ratatouille et caponata, puis on congèle toutes ces précieuses provisions. On en fait aussi de la compote (page 111) que l'on congèle et qui nous servira ensuite à cuisiner sauces, trempettes et autres délices.

LES CAROTTES

En saison, elles offrent un « 2 pour 1 » : on croque la carotte et on cuisine les fanes (par exemple en pesto, page 48, ou en herbes salées p. 111).

LA CERISE DE TERRE

Profitez de sa saison d'abondance pour sécher ces véritables petits bonbons fruités et pour en ajouter à vos compotes (page 79).

DU GINGEMBRE LOCAL !

Saviez-vous qu'il existe du gingembre québécois ? Il a tout du parfum envoûtant qu'on connaît à ce rhizome, sauf que vous ne l'aurez jamais goûté si juteux ! Congelez-en (entier, pelé) pour le déguster toute l'année.

LES RAISINS DE TABLE

Bien sûr, il y a celui que l'on transforme en vin, mais il y a aussi les raisins à croquer frais. Rouges, bleus ou verts, ajoutez-les aux salades de fruits (page 94), aux cuirs de fruits (page 96) et faites-en sécher (page 87).

Les vedettes de septembre

MISSION DU MOIS

RÉCOLTER DIRECTEMENT À LA FERME

En septembre, il reste de belles journées pour enfiler nos bottines d'agrotouristes et combiner le plaisir d'une sortie en plein air à celui de l'autocueillette.

Si l'autocueillette des pommes est un grand classique à renouveler année après année (et quelques fois dans la saison, si vous le voulez !), plusieurs fermes et vergers proposent d'autres aliments pour cette activité. Il y a bien sûr divers fruits de vergers, comme les poires et les prunes, mais aussi les raisins, les courges et les citrouilles, dont l'autocueillette est de plus en plus répandue. Certaines fermes ouvrent leurs champs aux visiteurs pour la cueillette de légumes tels que les tomates, les poivrons, les aubergines, les oignons et même les artichauts. Informez-vous pour découvrir ce qui est disponible dans les régions près de chez vous.

Côté budget

Plusieurs personnes ont sur leur terrain des arbres fruitiers, dont ils récoltent une partie des fruits seulement (ou ne les récoltent pas du tout). Pourquoi ne pas leur proposer d'échanger un coup de main à la récole contre quelques fruits ? Vous pourrez ainsi avoir un sac de pommettes, de prunes ou de poires gratuitement ou à peu de frais. Certains organismes invitent des bénévoles à participer à différentes cueillettes en échange d'une partie des récoltes. Informez-vous pour savoir s'il y a de tels organismes dans votre secteur !

Défi 100 % local

Septembre est le mois du Défi 100 % local, une occasion amusante de valoriser les produits de son coin de pays à l'échelle d'un repas, de quelques repas par semaine ou du mois entier. Lancé aux Îles-de-la-Madeleine en 2015, le Défi 100 % local est aujourd'hui un véritable mouvement collectif qui se déploie partout au Québec. Pourquoi ne pas le relever ce mois-ci ?

TECHNIQUE DU MOIS

LE SÉCHAGE

La déshydratation des aliments est une des plus anciennes méthodes de conservation. Ce geste millénaire consiste à réduire l'humidité d'un aliment et, du même coup, la capacité des bactéries à s'y reproduire. Tout comme nous, les microbes ne survivent pas longtemps lorsqu'ils sont privés d'eau. En la retirant d'aliments aussi variés que les herbes, les poivrons, les tomates, les piments, le maïs, les fruits, l'ail, l'oignon, le poireau, les champignons et tant d'autres, il est possible d'en assurer la conservation.

Bien sûr, vous trouverez une foule d'aliments déshydratés au supermarché. Toutefois, ils proviennent rarement d'une ferme que vous connaissez. En déshydratant vous-même des produits locaux de saison, vous pourrez les conserver tout en étant certain qu'ils ne contiennent pas d'additifs (par exemple les sulfites souvent employés pour éviter le brunissement des poires, des abricots ou des tomates séchés). Et cela, en utilisant peu d'énergie, ou même en n'en dépensant pas du tout, selon la technique employée (voir « Les différents types de séchage », page 88). Quelle que soit la technique, le seul temps « actif » à consacrer à la déshydratation est celui dédié à couper les fruits et les légumes, et à blanchir, s'il y a lieu, certains légumes (notamment pour aider à conserver leur couleur). Ensuite, on peut les oublier pendant les heures de séchage, et le tour est joué !

Mieux vaut plus que moins

En ce qui concerne les légumes, la déshydratation doit viser à obtenir une texture sèche et cassante. Pour les fruits, on parle d'une texture qui sera sèche mais un peu plus souple que celle des légumes. Si les pourcentages sont difficiles à mesurer quand on déshydrate des aliments à la maison, à force de le faire, on s'habitue à reconnaître les textures recherchées. En cas de doute, mieux vaut sécher un peu plus que moins.

LES DIFFÉRENTS TYPES DE SÉCHAGE

Séchage au soleil

Les tomates séchées au soleil évoquent les charmes de l'Italie… Mais, au Québec, est-il vraiment envisageable de sécher des aliments au soleil ? C'est possible, à condition de bien s'organiser et… de surveiller ! Car, dehors, il y a des animaux, du vent, de la poussière, de la pluie… Sur Internet notamment, on peut facilement trouver des plans pour fabriquer un déshydrateur solaire qui protégera les aliments pendant le séchage ; habituellement, il est constitué d'une boîte avec plateau(x) de déshydratation et d'un couvercle en vitre ou en plexiglas en angle pour favoriser l'essentielle circulation d'air. C'est un beau projet si vous avez de l'espace, des outils et l'instinct d'un bricoleur ! Un grand atout de ce mode de séchage est de n'utiliser aucune autre énergie que les rayons solaires.

Séchage à l'air

Le séchage à l'air (à l'abri !) est intéressant pour sécher des bouquets de certaines herbes peu fragiles (thym, origan, menthe, romarin, sauge), des piments forts ou des fleurs comestibles (camomille, lavande) : il suffit de les suspendre la « tête en bas », dans un endroit sec. On peut aussi se servir de cette méthode pour sécher d'autres aliments, des champignons par exemple, qu'on dépose sur des supports qui permettent la circulation d'air. Ici encore, difficile de faire plus économique en termes d'énergie, mais cette technique n'est pas optimale pour certains légumes ou fruits.

Séchage au four

Bien que la plus basse température des fours domestiques ordinaires soit souvent un peu haute pour une déshydratation optimale, il est possible de surmonter ce petit défi en laissant la porte légèrement entrouverte à l'aide d'un morceau de bois de 2 cm (1 po) d'épaisseur ou du manche d'une cuillère en bois. Les fours à convection permettent une déshydratation un peu plus rapide grâce à leur circulation d'air. Le principal défaut de cette méthode est de monopoliser le four pendant de nombreuses heures et de provoquer une certaine perte d'énergie en raison de la porte entrouverte. De plus, la plupart des fours comptent deux grilles, tandis qu'un déshydrateur comprend de nombreux plateaux ; pendant le même laps de temps, disons 8 heures, on peut obtenir ainsi le double voire le triple de produits séchés. Cela dit, le four est parfait pour s'initier à la déshydratation ou pour en faire occasionnellement. Si vous y prenez goût, songez à vous équiper d'un déshydrateur.

Séchage au déshydrateur

Spécialement conçus pour la déshydratation domestique, les déshydrateurs sont simples d'utilisation et efficaces. Si vous avez l'intention de déshydrater régulièrement des aliments, cet appareil est un allié précieux ; il est pratique, prend très peu d'énergie, car il permet de déshydrater à des températures plus basses qu'au four, et donne des résultats intéressants pour plusieurs produits. Les fruits séchés et les cuirs de fruits faits au four ont parfois un petit goût de fruit cuit ou « confituré » plus marqué que ceux qui sont séchés au déshydrateur, et leur couleur est souvent un peu plus foncée. Il reste que les deux techniques fonctionnent ; à vous de choisir celle que vous préférez.

Côté budget

Un déshydrateur, tout comme un congélateur coffre, est assez facile à trouver usagé. L'appareil est presque le seul coût de ce mode de conservation, puisque la consommation d'énergie est de l'ordre d'à peine quelques cents de l'heure.

SÉCHAGE 101 : LES CLÉS DE LA RÉUSSITE

LA DÉSHYDRATATION N'EST PAS UNE SCIENCE EXACTE. LES FACTEURS QUI FONT VARIER NOTAMMENT LA DURÉE DE SÉCHAGE SONT SI NOMBREUX QU'IL FAUT ACCEPTER D'AVOIR À SURVEILLER SES ALIMENTS ET DE S'ADAPTER DE FOIS EN FOIS. CELA DIT, IL Y A QUELQUES CONSEILS DE BASE À GARDER EN TÊTE.

Veillez à ce qu'il y ait une bonne circulation d'air. Évitez de corder les aliments trop serrés les uns sur les autres ou de les superposer. L'air doit pouvoir circuler partout autour de chaque aliment. Les plateaux des déshydrateurs sont conçus pour laisser passer l'air ; au four, déposez vos aliments sur une grille lorsque la taille des morceaux le permet.

Adoptez la mandoline. Quand c'est possible, comme dans le cas des fruits et des légumes à la chair assez ferme telles les pommes, les poires, les courgettes, les betteraves et les carottes, la mandoline permet d'obtenir des morceaux de même épaisseur, ce qui assurera une déshydratation uniforme. Quand l'usage de la mandoline est moins évident, dans le cas des fraises par exemple, taillez au couteau des morceaux de même grosseur.

Faites des tests. Il n'existe pas de recettes universelles pour déshydrater les aliments, puisqu'il y a beaucoup trop de variables impliquées dans le processus. Parmi les principales, les variétés des fruits et des légumes (qui contiennent plus ou moins d'eau), le moment de la récolte, le degré de maturité des produits, la température et l'humidité ambiantes, la méthode de déshydratation utilisée, l'épaisseur des morceaux, etc. On peut partir du principe qu'on déshydrate généralement les fruits à 57 °C (135 °F) et les légumes à 52 °C (125 °F) ; si vous utilisez le four, réglez-le à la température la plus basse possible et laissez la porte entrouverte. Pour la durée, surveillez, goûtez et évaluez si l'aliment semble contenir encore trop d'humidité pour se conserver longtemps. La déshydratation domestique étant une science inexacte, acceptez de vous adapter aux produits et aux conditions du jour, et tout cela deviendra un jeu fort plaisant.

Conservez bien vos aliments déshydratés. L'idéal est de placer ces aliments dans des contenants hermétiques, à l'abri de la lumière et de l'humidité. **Attention :** ne manipulez pas les aliments séchés avec les mains humides, puisque cela pourrait entraîner la formation de moisissures.

LANCEZ-VOUS !

Fruits séchés variés (généralement à 57 °C / 135 °F). Les cerises de terre coupées en deux, les pommes et les poires en tranches fines taillées à la mandoline, les fraises coupées en deux, les bleuets et les raisins de table (tels les Sommerset), entiers ou coupés en deux.

Légumes séchés variés (généralement à 52 °C / 125 °F). Le céleri en dés (pour démarrer des potages et des mijotés, voir pages 147 et 148), les oignons verts hachés, les tomates italiennes ou les tomates cerises coupées en deux et épépinées.

À vos fanes et épluchures !

Tant qu'à partir le four ou le déshydrateur, profitez-en pour y placer, entre autres, les queues des fraises, les pelures de pommes, les peaux de tomates, les fanes de carottes ou de fenouil, puis utilisez ces ingrédients séchés dans vos bouillons à base de légumes en poudre (voir ci-dessous) ou dans vos tisanes maison (page 139).

Bouillon de légumes en poudre. Déshydrater plusieurs légumes (oignons, carottes, céleri, mini-rabiole, fenouil, poireau). Mélanger les légumes déshydratés et des herbes séchées (persil, thym) avec du sel et du poivre. Passer le mélange au moulin à épices jusqu'à obtenir une poudre plus ou moins grossière. Laisser le mélange à l'air libre 24 heures, ou le remettre au four ou au déshydrateur pour s'assurer qu'il ne contient plus d'humidité avant de le conserver dans un contenant hermétique. Il suffira d'ajouter de 5 à 10 ml (1 ou 2 c. à thé) de poudre dans 250 ml (1 tasse) d'eau chaude pour obtenir un bouillon de légumes.

Chips de légumes. Trancher des courgettes ou de la betterave à la mandoline, puis mélanger à un peu d'huile locale, de vinaigre de cidre et d'aromates dans un saladier. Il suffira ensuite de les placer au four ou au déshydrateur jusqu'à ce qu'elles soient craquantes et de les saler à leur sortie !

Mélange d'herbes d'inspiration provençale. Mélanger dans les proportions désirées vos herbes séchées : thym, romarin, sarriette, basilic, marjolaine, sauge et origan.

Cuirs de fruits : Vos purées de fruits peuvent devenir de succulents cuirs de fruits. Découvrez comment à la page 96.

500
400 ml
300
200 ml
100

COULIS DE POIVRON ROUGE

Voici un coulis réellement passe-partout qui permet de profiter de l'abondance des poivrons au mois de septembre. On l'utilise un peu à la façon de la sauce tomate : comme base de sauce pour des repas express ou pour parfumer une foule de préparations.

DONNE 750 ml (3 tasses) – facile à doubler

Ingrédients

30 ml (2 c. à soupe) d'huile de tournesol

1 gros oignon en dés

5 gousses d'ail moyennes tranchées

750 g (1 ½ lb) de poivrons rouges épépinés, coupés en morceaux

375 ml (1 ½ tasse) d'eau (ou de vin blanc ou de bouillon maison)

3 brins d'herbes fraîches (thym, sarriette, origan, romarin), entiers

Sel et poivre

Préparation

1. Dans une casserole, chauffer l'huile à feu moyen, puis faire revenir l'oignon et l'ail environ 3 minutes, jusqu'à une légère coloration.
2. Ajouter les poivrons et cuire de 8 à 10 minutes en remuant de temps en temps.
3. Verser l'eau et ajouter les herbes. Porter à ébullition, puis réduire à feu doux, couvrir et laisser mijoter environ 25 minutes.
4. Retirer les herbes. Réduire le mélange en coulis lisse à l'aide d'un pied-mélangeur ou au mélangeur sur socle. Saler et poivrer, au goût.
5. Transférer le coulis dans des récipients pour la congélation.

Note

J'aime congeler un contenant de 500 ml (2 tasses) pour un futur plat de pâtes (page 174) et quatre portions de 60 ml (¼ tasse). Il suffira d'en décongeler au besoin pour réaliser la salsa (page 95), le kimchi (page 115) ou une trempette (page 161). Vous pouvez aussi congeler le coulis en petites portions dans un bac à glaçons.

Variante

Si vous aimez cuisiner au barbecue, à l'étape 2, ajoutez des poivrons préalablement grillés à puissance moyenne-élevée quelques minutes de chaque côté, jusqu'à un début de coloration, puis passez directement à l'étape 3.

SALADE DE FRUITS

Voici une version maison de la classique conserve de salade de fruits. Comme il faut peler des fruits et les couper en dés, la préparation prend un peu de temps, mais vous en aurez assez pour sceller au moins 6 pots. (Vous en avez un peu plus ? C'est la récompense immédiate du cuisinier !) Quel bonheur, en plein hiver, de plonger sa cuillère dans cette salade de fruits au goût d'été !

DONNE 6 pots de 500 ml (2 tasses)

Ingrédients

Sirop

375 ml (1 ½ tasse) de jus de pommes brut, divisé

15 ml (1 c. à soupe) de vinaigre de cidre

500 ml (2 tasses) d'eau

60 à 125 ml (¼ à ½ tasse) de miel (facultatif)

Fruits (voir le point 2)

1,25 litre (5 tasses) de pêches, blanchies et pelées, dénoyautées et coupées en dés

1,25 litre (5 tasses) de poires, pelées et coupées en dés

500 ml (2 tasses) de raisins de table sans pépins (par exemple Sommerset)

Préparation

1. Effectuer l'étape de la préparation des pots et des couvercles (voir « Technique de base pour la mise en conserve », page 60) et les laisser dans l'eau chaude jusqu'à l'étape du remplissage.
2. Dans un grand bol, mélanger 125 ml (½ tasse) de jus de pommes et le vinaigre de cidre. Déposer les fruits dans le bol au fur et à mesure qu'ils sont coupés pour éviter leur brunissement.
3. Porter à ébullition l'eau avec 250 ml (1 tasse) de jus de pommes et le miel (si désiré, pour sucrer légèrement la salade).
4. Remplir les pots de salade de fruits en répartissant le jus restant. Compacter légèrement les fruits sans les écraser et laisser 2 cm (1 po) d'espace de tête.
5. Couvrir les fruits de jus chaud jusqu'à 1 cm (½ po) du rebord. Retirer les bulles d'air des pots et fermer (ne pas trop visser les bagues).
6. Déposer les pots dans la marmite d'eau chaude. Effectuer un traitement de chaleur de 20 minutes, puis fermer le feu et laisser reposer dans l'eau 5 minutes.
7. Retirer les pots de l'eau, les laisser refroidir et vérifier que les couvercles sont bien enfoncés.

Note

Il est normal que les raisins décolorent avec le temps et que le jus des pots devienne teinté.

Variante

Il manquerait des cerises pour faire votre bonheur ? Pensez-y en juillet : congelez de petits contenants de 60 ml (¼ tasse) de demi-cerises griottes du Québec et identifiez-les « pour salade de fruits ». Au moment d'en savourer un pot, il suffira de les ajouter.

SALSA

Meilleure amie des nachos, la salsa version *manger près* est l'accompagnement parfait d'une ribambelle de plats : omelettes au fromage, enchiladas, poivrons farcis, salades de pâtes à la mexicaine, tacos, chilis (page 149), et j'en passe !

DONNE 4 pots de 500 ml (2 tasses)

Ingrédients

1,75 litre (7 tasses) de tomates blanchies, pelées, épépinées, en dés (de 8 à 10 grosses tomates) Voir page 80 pour la technique.

1 poire pelée et hachée

1 piment jalapeno haché (voir la note)

250 ml (1 tasse) d'oignon rouge haché

375 ml (1 ½ tasse) de poivron vert en petits dés

125 ml (½ tasse) de coulis de poivron rouge (page 93) ou de sauce tomate (page 80)

3 gousses d'ail hachées

205 ml (¾ tasses + 2 c. à soupe) de vinaigre de cidre

125 ml (½ tasse) de coriandre fraîche

7,5 ml (½ c. à soupe) de sel

Poivre, au goût

Préparation

1. Effectuer l'étape de la préparation des pots et des couvercles (voir « Technique de base pour la mise en conserve, page 60) et les laisser dans l'eau chaude jusqu'à l'étape du remplissage.
2. Dans une grande casserole, mélanger les tomates, la poire, le piment, l'oignon, le poivron vert, le coulis de poivron, l'ail et le vinaigre. Porter à ébullition, puis réduire le feu et laisser mijoter de 20 à 30 minutes ou jusqu'à ce que la salsa ait la consistance désirée. Retirer du feu.
3. Ajouter la coriandre, saler et poivrer. Ajuster l'assaisonnement, au besoin.
4. Remplir les pots jusqu'à 1 cm (½ po) du bord. Retirer les bulles d'air, puis fermer (ne pas trop visser les bagues).
5. Déposer les pots dans la marmite d'eau chaude. Effectuer un traitement de chaleur de 20 minutes, puis fermer le feu et laisser reposer dans l'eau 5 minutes.
6. Retirer les pots de l'eau, les laisser refroidir et vérifier que les couvercles sont bien enfoncés.

Note

Selon ce que vous préférez, épépinez le piment pour obtenir une salsa douce ou conservez les pépins pour une version plus piquante.

Variante

Transformez la salsa en ketchup aux fruits grâce à quelques substitutions simples. Éliminez le jalapeno, l'ail et la coriandre. Doublez l'oignon (choisir le jaune) et le vinaigre. Ajoutez 3 pommes et 1 poire pelées et coupées en dés, 175 ml (¾ tasse) de sucre d'érable, 5 ml (1 c. à thé) de gingembre frais haché. Laissez mijoter environ 1 heure 15 minutes. Même nombre de pots, même traitement de chaleur, mais un autre univers de saveurs !

CUIR DE FRUITS

On ne peut probablement pas considérer cela comme une recette de longue conservation, parce que les cuirs de fruits disparaissent si vite sous la dent des gourmands... surtout en septembre, avec la rentrée, les lunchs à préparer et les collations à prévoir !

DONNE UNE DIZAINE DE ROULEAUX

Ingrédients

500 g (1 lb) de fruits mûrs apprêtés (lavés, dénoyautés et pelés au besoin) de deux ou trois variétés

15 ml (1 c. à soupe) de miel

Préparation

1. Régler le four au plus bas possible, soit de 70 à 77 °C (de 160 à 170 °F), ou le déshydrateur à 57 °C (135 °F). Four : tapisser une plaque à biscuits d'un tapis de cuisson en silicone ; déshydrateur : placer une feuille réutilisable sur une grille de l'appareil.
2. Mixer tous les ingrédients au robot culinaire jusqu'à l'obtention d'un coulis épais.
3. Sur le tapis de cuisson (four) ou la feuille réutilisable (déshydrateur), étendre le coulis en une couche mince de 3 à 5 mm (⅕ à ¼ po) d'épaisseur.
4. Faire sécher de 5 à 10 heures au four, en laissant la porte entrouverte, ou au déshydrateur. La durée varie selon la texture du coulis, l'épaisseur du cuir, la température ambiante, etc.
5. Lorsque le cuir est sec jusqu'au centre, le sortir de l'appareil et le couvrir d'une feuille de papier parchemin. Retourner sur le comptoir et décoller le cuir de la surface de cuisson en tirant délicatement, de façon qu'il reste sur le papier parchemin.
6. Rouler le papier parchemin avec le cuir de fruits. À l'aide de ciseaux, couper une dizaine de rouleaux. Conserver dans un contenant hermétique.

Notes

Si vous utilisez un fruit gorgé d'eau (par exemple le raisin de table ou la fraise), il est intéressant de l'agencer à un fruit plus charnu (pomme, poire, prune, purée de citrouille...).

On peut également passer les compotes (page 79) au robot avec d'autres fruits, si désiré, pour obtenir une texture de coulis, prête pour le séchage. La texture idéale d'un coulis s'apparente à celle d'un smoothie.

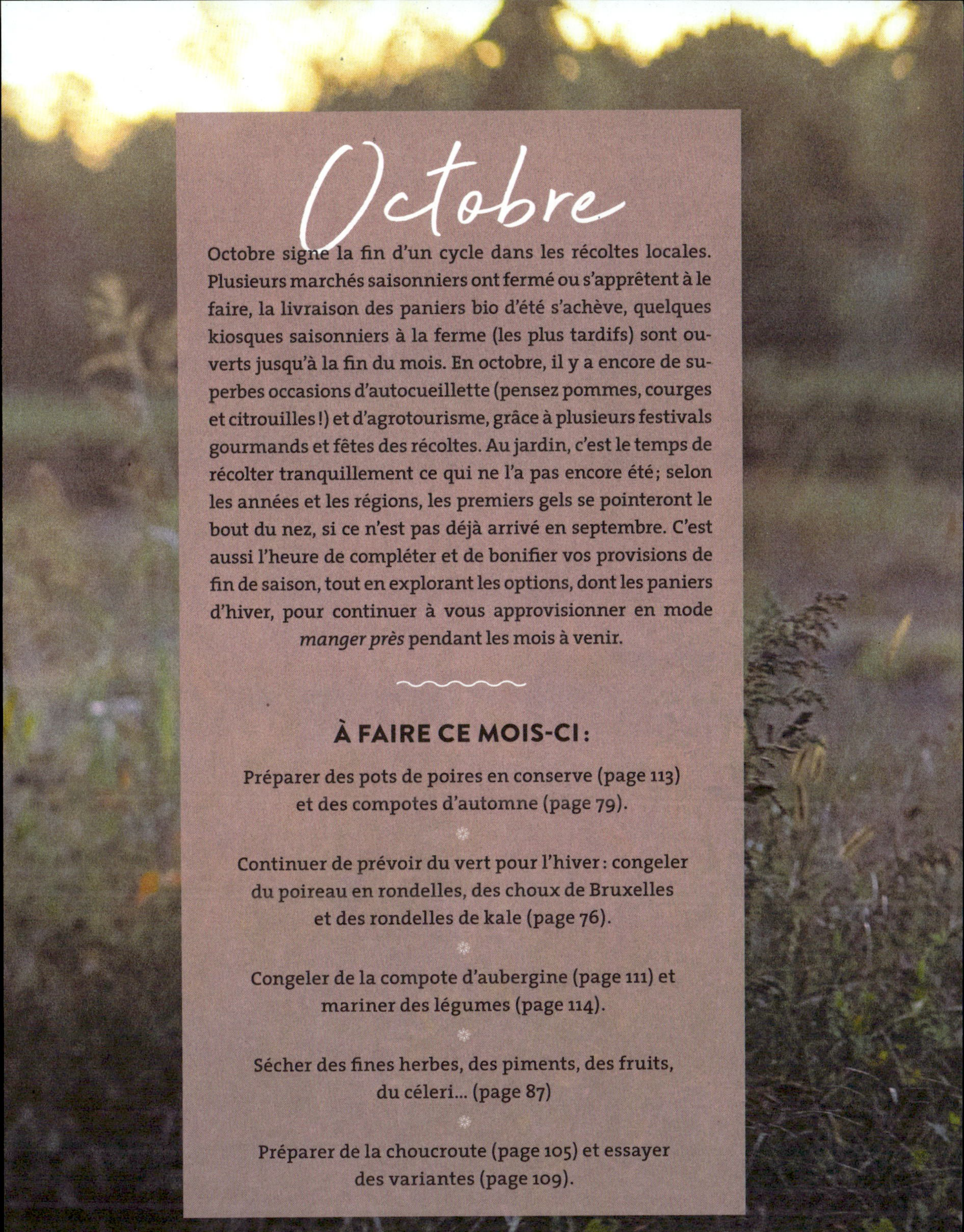

Octobre

Octobre signe la fin d'un cycle dans les récoltes locales. Plusieurs marchés saisonniers ont fermé ou s'apprêtent à le faire, la livraison des paniers bio d'été s'achève, quelques kiosques saisonniers à la ferme (les plus tardifs) sont ouverts jusqu'à la fin du mois. En octobre, il y a encore de superbes occasions d'autocueillette (pensez pommes, courges et citrouilles !) et d'agrotourisme, grâce à plusieurs festivals gourmands et fêtes des récoltes. Au jardin, c'est le temps de récolter tranquillement ce qui ne l'a pas encore été ; selon les années et les régions, les premiers gels se pointeront le bout du nez, si ce n'est pas déjà arrivé en septembre. C'est aussi l'heure de compléter et de bonifier vos provisions de fin de saison, tout en explorant les options, dont les paniers d'hiver, pour continuer à vous approvisionner en mode *manger près* pendant les mois à venir.

À FAIRE CE MOIS-CI :

Préparer des pots de poires en conserve (page 113) et des compotes d'automne (page 79).

Continuer de prévoir du vert pour l'hiver : congeler du poireau en rondelles, des choux de Bruxelles et des rondelles de kale (page 76).

Congeler de la compote d'aubergine (page 111) et mariner des légumes (page 114).

Sécher des fines herbes, des piments, des fruits, du céleri… (page 87)

Préparer de la choucroute (page 105) et essayer des variantes (page 109).

LES COURGES ET LES CITROUILLES

La citrouille est un classique d'octobre, mais les variétés de cucurbitacées se comptent par centaines. Faites place à la découverte !

LES CHOUX

Les variétés de choux figurent parmi les légumes les plus économiques. Ils feront partie des grandes vedettes de vos lactofermentations (page 103).

LES CHOUX DE BRUXELLES

S'ils vous laissent de glace lorsqu'ils sont bouillis, essayez-les rôtis au four. On peut aussi les manger crus, hachés, comme on le ferait pour une salade de chou.

LE CHOU-FLEUR

Avez-vous déjà essayé d'en faire un couscous ? Il suffit de le broyer au robot culinaire jusqu'à l'obtention d'une texture qui rappelle celle de la semoule de blé. Ce légume est également très bon dans les marinades (page 114).

NE POIREAUTEZ PAS !

Quand c'est la saison du poireau, profitez-en pour le braiser, en faire la vedette d'un plat de pâtes ou d'une trempette, sans oublier de le congeler en rondelles !

LES CANNEBERGES

Saviez-vous que le Québec est l'un des principaux producteurs de canneberges dans le monde ? On récolte ces petites perles rouges après que le terrain où elles poussent a été inondé, de la fin de septembre à la fin d'octobre.

LES POIRES

Juteuses et parfumées, les poires locales sont disponibles tout l'automne. Comme elles se conservent parfaitement en pots (page 113), faites-en des réserves.

Les vedettes d'octobre

MISSION DU MOIS

ÉVALUER L'INSCRIPTION À UN PANIER BIO D'HIVER

Panier bio d'été (page 32) ou panier bio d'hiver, toutes les bonnes raisons de s'y abonner sont les mêmes. Une différence, toutefois : les livraisons ont généralement lieu toutes les deux semaines plutôt que d'être hebdomadaires. Comme les légumes qui composent les paniers sont, pour la plupart, des légumes de conservation, ils se gardent bien jusqu'au prochain panier, et plus encore.

Vous craignez la redondance des produits ? Détrompez-vous ! Les possibilités sont nombreuses et la page 120 vous en donne un aperçu. Dans certaines régions moins bien desservies en points de chute hivernaux, trouver un producteur de paniers d'hiver est un défi. Si vous avez accès à ce formidable mode d'approvisionnement en saison froide, profitez-en ! Si ce n'est pas le cas, votre mission du mois sera de faire connaître votre intérêt auprès de maraîchers de votre secteur ou du Réseau des fermiers de famille. Qui sait, des fermiers voudront peut-être préparer des paniers d'hiver en ayant l'assurance d'avoir un nombre intéressant d'abonnés !

Vive le troc !

Un de vos voisins a récolté beaucoup de tomates ? Pourquoi ne pas lui proposer d'en troquer en échange de quelques petits pots de marinades que vous avez préparés ? Peut-être avez-vous une bonne réserve de pesto à échanger contre des cornichons ? On peut faire du troc entre voisins, entre amis, en famille ou dans la communauté ; certains groupes Facebook permettent, à l'échelle d'un quartier ou d'une région, de proposer ce qu'on a en surplus aux autres membres, pour quelques dollars ou d'autres produits en échange. Une belle façon d'obtenir des aliments locaux sans grands frais et d'éviter du même coup le gaspillage.

TECHNIQUE DU MOIS

LA FERMENTATION

On consomme des boissons et des aliments fermentés tous les jours ou presque : pain au levain, yogourt, fromage, bière, chocolat, vinaigre et bien d'autres. Comme pour la déshydratation, la fermentation est une technique millénaire de transformation, ici à l'aide de microorganismes bénéfiques.

Il existe différents types de fermentations : acétique, alcoolique, amylolytique et protéolytique. Pour conserver les légumes, la grande alliée est la fermentation lactique, aussi appelée « lactofermentation ». Elle se produit grâce aux bactéries lactiques, qu'on appelle aussi « lactobacilles », naturellement présentes sur les aliments ; elles ont la particularité de se développer en milieu anaérobique (sans oxygène), comme celui créé par des légumes immergés dans la saumure (eau salée), ce qui leur évite d'entrer en contact avec l'air.

Comme tous les êtres vivants, ces bactéries se nourrissent et produisent des déchets. En l'absence d'oxygène, les bactéries lactiques se nourrissent des sucres naturels des légumes et rejettent de l'acide lactique et d'autres acides organiques. Ces acides s'accumulent dans le bocal et acidifient le milieu jusqu'à ce que le pH descende autour de 3 à 4. Cette acidité permet la conservation des légumes de façon naturelle, sans additif et sans traitement de chaleur, en inhibant simplement le développement de microorganismes indésirables (comme *Clostridium botulinum*).

Évidemment, l'acide lactique et d'autres acides organiques modifient la texture et le goût des légumes : ils créent des saveurs nouvelles, complexes, acidulées, intéressantes, nous permettant ainsi d'ajouter encore plus de diversité à nos menus ! Les aliments fermentés, dont les légumes lactofermentés, augmentent également la diversité des bactéries bénéfiques pour notre microbiote intestinal, ce qui procure plusieurs bienfaits démontrés, notamment sur notre santé digestive et immunitaire.

Faire des lactofermentations, comme l'a un jour dit David Côté, coauteur du livre *Révolution fermentation*, « c'est un peu devenir fermier de microorganismes dans sa cuisine ».

Bon à savoir

- En dépit de son nom, la lactofermentation n'a pas de lien avec le lait ni le lactose. Les personnes allergiques au lait ou intolérantes au lactose peuvent donc consommer des légumes lactofermentés sans crainte.
- Lorsqu'on débute en lactofermentation, on commence par les classiques : choux, carottes, radis, poivrons, etc. (D'autres légumes peuvent être fermentés, avec des techniques parfois plus élaborées.)
- La peur la plus répandue au sujet de la conservation des aliments en pots est celle associée au botulisme. Avec la lactofermentation, soyez rassuré puisque le milieu est acide, c'est-à-dire maintenu sous le seuil critique du pH de 4,6 (voir page 75). D'autres types de contaminations sont possibles, mais si elles surviennent, elles sont repérables et se présentent généralement sous la forme d'odeurs fortes et désagréables et de moisissures visibles. En cas de doute, ayez le même réflexe que pour les conserves : jetez. Comme pour les conserves également, si vous souhaitez évaluer l'acidité d'un produit, vous pouvez le faire avec une bandelette conçue pour mesurer le pH.
- L'ennemi numéro 1 des lactofermentations est l'oxygène, car sa présence favorise le développement de moisissures à la surface des aliments fermentés. Après avoir entamé un pot, au fur et à mesure que vous consommez le produit, vous libérez plus d'espace pour l'air. Voici une astuce : quand vous en serez à la moitié d'un pot, transférez son contenu dans un pot plus petit. Assurez-vous aussi que la saumure recouvre la surface des aliments en tout temps.

Côté budget

La lactofermentation est une technique très économique. Vous n'aurez pas besoin d'acheter du matériel spécialisé et pourrez utiliser ce que vous avez à la maison (pots Mason, sacs de type Ziploc). La saumure, qui est constituée d'eau et de sel, ne demande pas elle non plus de grands investissements. Et comme c'est le cas pour les marinades : plutôt que de jeter ce qu'il reste de la saumure après avoir mangé la lactofermentation, réutilisez-la pour faire mariner d'autres aliments ou pour préparer des vinaigrettes, par exemple.

LA FERMENTATION DE LÉGUMES RÂPÉS, ÉTAPE PAR ÉTAPE

LA CHOUCROUTE EST SANS DOUTE LA LACTOFERMENTATION DE BASE LA PLUS CONNUE. LA TECHNIQUE SUIVANTE PERMET D'APPRENDRE, ÉTAPE PAR ÉTAPE, À RÉALISER SA CHOUCROUTE MAISON, EN PETITE QUANTITÉ POUR COMMENCER. ET LA BEAUTÉ DE LA CHOSE, C'EST QU'UNE FOIS QUE L'ON EST À L'AISE AVEC CETTE BASE, LES POSSIBILITÉS DE VARIANTES SONT NOMBREUSES (VOIR PAGE 109). À NOTER QU'IL EXISTE DIFFÉRENTES MÉTHODES DE LACTOFERMENTATION, QUI ONT TOUTES LEURS ATOUTS ET DONNENT DES RÉSULTATS INTÉRESSANTS. EN VOICI UNE.

COMMENT FAIRE	POURQUOI
1. Mettre dans un grand bol 1 kg (2 lb) de chou tranché finement à la mandoline ou au couteau, ou encore râpé à la main ou au robot culinaire. Ajouter : – du sel à marinades ou du sel de mer dans une proportion de 20 g de sel pour 1 kg de légumes (2 % du poids des légumes en sel) ; – des aromates, si désiré (voir « Petite boîte à idées », page 109).	Des morceaux de taille similaire permettront une fermentation uniforme. Le sel de table n'est pas idéal en raison des additifs qu'il contient. On opte donc pour un sel dont la liste d'ingrédient se limite à... du sel.
2. Masser à la main en pressant les légumes quelques minutes, jusqu'à ce qu'ils commencent à dégorger, c'est-à-dire que l'eau qu'ils contiennent commence à sortir sous l'action du sel et du massage.	Le « massage » aide à faire pénétrer le sel et à briser les fibres du chou. La vitesse à laquelle les légumes rejettent leur liquide ainsi que la quantité de liquide rendue dépendent des variétés de légumes, de leur fraîcheur, du moment de la récolte, etc.

COMMENT FAIRE	POURQUOI
3. Parmi les différentes méthodes pour fermenter les légumes, celle-ci a comme atout de limiter les débordement de saumure : Répartir les légumes râpés dans 2 pots Mason bien propres de 1 litre (4 tasses) à large ouverture, une petite quantité à la fois, en comprimant les légumes entre chaque ajout (à l'aide d'un pilon ou à la main selon le pot utilisé) pour en faire sortir un maximum de liquide, qui finira par submerger les légumes (c'est l'objectif).	Les légumes prennent de l'expansion durant la fermentation et des gaz sont formés : les débordements de saumure sont donc normaux lorsque les pots sont pleins. Remplir à moitié les deux pots de 1 litre (4 tasses) avec 500 g (environ 1 lb) de légumes chacun limite les débordements. Le rendement final sera de 2 pots de 500 ml (2 tasses) ou 1 grand pot de 1 litre (4 tasses) bien plein. La couche de saumure protège les légumes du contact avec l'oxygène : c'est ainsi que se crée le milieu anaérobique nécessaire à la fermentation. Normalement, le chou râpé donne suffisamment de liquide, mais s'il en manque malgré un bon massage, on peut ajouter un peu de saumure à 2 % (par exemple 10 g de sel dilué dans 500 ml / 2 tasses d'eau ; voir la note à la page suivante).
4. Ajouter une feuille de chou à la surface des légumes, puis un poids sur la feuille de chou. Le poids peut être un morceau du cœur du chou, un petit pot de 125 ml (½ tasse) ou un sac de type Ziploc renfermant de la saumure à 2 %.	Puisque les morceaux de légumes râpés tendent à flotter à la surface de la saumure, la feuille de chou servira de « couvercle » et le poids permettra de maintenir la feuille de chou et les légumes sous la saumure. C'est la clé pour qu'ils ne soient pas en contact avec l'oxygène. Remplir le sac de saumure, et non pas d'eau, est une précaution visant à assurer que la lactofermentation ne sera pas diluée si le sac se perce. On peut laver les sacs et les réutiliser.
5. Fermer les pots avec leur couvercle 2 pièces, sans le visser complètement. Pendant les premiers jours de la fermentation, il faudra desserrer le couvercle quotidiennement, durant quelques secondes.	La pression créée par le gaz carbonique (CO_2) qui se forme durant la fermentation l'expulsera du pot par le joint de caoutchouc du couvercle 2 pièces. Desserrer le couvercle quelques secondes permet à un excès de CO_2 de sortir. À noter que les couvercles des pots Mason peuvent éventuellement rouiller et devront être remplacés.
6. Déposer les pots dans une assiette creuse ou un plat en pyrex.	C'est une prévention, si jamais un peu de liquide débordait.

COMMENT FAIRE	POURQUOI
7. Laisser les pots à température ambiante entre 18 et 24 °C (64 et 75 °F) et à l'abri de la lumière directe pour au moins 2 à 4 jours afin que la fermentation démarre. Les bactéries bénéfiques commencent à acidifier le milieu. On peut goûter le produit et si on l'aime tel quel, on passe aux étapes 8 et 9 et on le consomme plus rapidement. Pour que l'acidité et les arômes se développent davantage, on laisse le produit fermenter de 2 à 4 semaines entre 15 à 22 °C (59 et 72 °F).	La vitesse et la durée de fermentation sont influencées par la température : le processus se fait plus rapidement à 24 °C (75 °F) qu'à 15 °C (59 °F) par exemple. La durée dépend également de la grosseur des morceaux, du type de sel utilisé et de plusieurs autres facteurs… dont ses préférences personnelles.
8. Une fois le produit à votre goût, transvider le contenu de l'un des pots dans l'autre, afin d'obtenir un seul pot de 1 litre (4 tasses) bien rempli et recouvert de saumure (ou répartir les légumes dans 2 pots de 500 ml / 2 tasses).	L'important est que les légumes soient recouverts de saumure et que les pots soient bien remplis et bien fermés avant d'être mis au frais pour favoriser la conservation de leur contenu quelques mois.
9. Mettre les pots au frais : – au réfrigérateur ; – dans une chambre froide, un caveau, un sous-sol ou un garage s'ils sont frais.	Sous les 15 °C (59 °F), la fermentation est considérablement ralentie. Quelque temps après les avoir mis au frais, les produits (vivants !) auront un goût légèrement différent, mais cette évolution se déroulera très lentement. Lorsqu'un pot est ouvert et entamé, on le savoure dans les semaines qui suivent.

NOTE Lorsque l'eau du robinet est chlorée, la laisser reposer quelques heures ou une nuit sur le comptoir pour que le chlore s'évapore.

CHOUCROUTE : PETITE BOÎTE À IDÉES

LA CHOUCROUTE SE DÉCLINE RÉELLEMENT À TOUTES LES SAUCES ! VOICI UNE FOULE D'IDÉES, DES PLUS CLASSIQUES AUX PLUS ÉCLATÉES.

- Classique : chou vert râpé + baies de genièvre.
- Style cornichons : chou vert râpé + aneth haché.
- Style salade de chou : chou vert râpé + carotte râpée.
- Au gingembre : chou vert râpé + gingembre râpé.
- Piquante : chou vert râpé + piment fort.
- Pourpre : chou rouge râpé.
- L'étagée : ⅓ du pot de classique, ⅓ de pourpre et ⅓ de classique (ou l'inverse).
- Boréale : chou vert ou rouge râpé + aromates du territoire à explorer (par exemple myrique baumier, poivre des dunes…).
- Façon kimchi : chou vert râpé + radis noir rapé + carotte râpée + aromates de la recette de kimchi (page 115) comme l'ail, le gingembre, le piment et les algues.
- Façon touski : chou vert ou rouge râpé + légumes râpés que vous avez + aromates que vous avez.

Variante
Vous pouvez aussi réaliser des fermentations de légumes râpés sans chou (par exemple juste des carottes ou juste du radis d'hiver).

Lactofermenter des légumes en morceaux

Il faut couper les légumes en morceaux de taille similaire pour une fermentation uniforme. Contrairement aux légumes râpés, les morceaux ne dégorgeront pas suffisamment d'eau pour créer leur propre saumure : on doit la préparer en diluant le sel dans l'eau. Si l'eau du robinet est chlorée, laissez-la reposer quelques heures pour permettre au chlore de s'évaporer.

La saumure à 2 %, soit 20 g de sel par litre (4 tasses) d'eau, fonctionne pour la majorité des légumes, mais certains comme la betterave et les cornichons demandent une saumure à 4 %. La saumure doit couvrir les légumes placés dans le pot. Il est normal que la saumure se brouille durant la fermentation. Un dépôt blanc inoffensif se formera possiblement au fond du pot. Si le pot est remué, il est probable que ce dépôt retournera en suspension dans le liquide, qui aura l'air à nouveau brouillé. Cela ne changera rien au caractère sécuritaire ni au goût du produit.

COMPOTE D'AUBERGINE

Voilà une belle base que vous serez heureux de sortir du congélateur pour cuisiner des festins lorsque les aubergines locales auront déserté les étals !

DONNE ENVIRON 750 ml (3 tasses) – se double facilement

Ingrédients

80 ml (⅓ tasse) d'huile de tournesol

1 aubergine moyenne en petits dés

1 oignon moyen haché

2 gousses d'ail hachées

1 grosse tomate en dés (ou 2 petites)

Piment fort, au goût

Sel et poivre, au goût

Préparation

1. Dans une poêle, à feu moyen, chauffer l'huile et ajouter les dés d'aubergine. Réduire le feu à moyen-doux et cuire environ 20 minutes en brassant à l'occasion.
2. Incorporer l'oignon et l'ail, et cuire 5 minutes de plus.
3. Ajouter la tomate, mélanger et laisser compoter au moins 15 minutes. Assaisonner, au goût.
4. Transférer la compote dans des récipients de votre choix pour la congélation.

HERBES SALÉES

Le sel a servi longtemps à conserver viandes et poissons. Dans cette recette, on utilise le sel pour conserver des herbes fraîches et des légumes. Les herbes salées sont délicieuses dans plusieurs plats tout l'hiver. Une idée facile à adapter selon les verdures que vous voulez valoriser.

DONNE 4 pots de 125ml (½ tasse)

Ingrédients

750 ml (3 tasses) d'herbes et de feuillages (persil et feuilles de céleri et/ou fanes de carottes)

60 ml (¼ tasse) de carotte hachée

60 ml (¼ tasse) de radis hachés

60 ml (¼ tasse) de céleri haché

½ oignon moyen haché (ou 2 oignons verts hachés)

125 ml (½ tasse) de gros sel

Préparation

1. Hacher les herbes et les feuillages au robot culinaire. Transvider dans un grand bol.
2. Ajouter les autres ingrédients et mélanger.
3. Répartir le mélange dans les pots en le pressant.
4. Réfrigérer (et attendre environ 2 semaines avant d'utiliser).

POIRES DANS LE SIROP AU MIEL

Les poires dans le sirop, c'est une des premières recettes que j'ai utilisées pour mettre en conserve autre chose que des confitures. Je crois qu'il ne s'est pas passé un automne sans que j'en fasse depuis. Gageons que vous ferez la même chose à partir de maintenant !

DONNE 6 pots de 500 ml (2 tasses)

Ingrédients

80 ml (⅓ tasse) de verjus (page 122)

1,25 litre (5 tasses) d'eau

2 kg (4 lb) de poires (environ 12 à 15 poires, selon leur grosseur)

250 ml (1 tasse) de miel

Préparation

1. Effectuer l'étape de la préparation des pots et des couvercles (voir « Technique de base pour la mise en conserve », page 60) et les laisser dans l'eau chaude jusqu'à l'étape du remplissage.
2. Dans un grand bol, mélanger le verjus et l'eau.
3. Peler les poires, les couper en deux et retirer le cœur à l'aide d'une cuillère parisienne. Les déposer au fur et à mesure dans l'eau au verjus.
4. Égoutter les poires en conservant l'eau au verjus. Verser ce jus dans une casserole, ajouter le miel et porter à ébullition.
5. Pendant ce temps, remplir les pots de demi-poires jusqu'à 2 cm (1 po) du bord.
6. Lorsque le sirop est bouillant, le verser dans les pots jusqu'à 1 cm (½ po) du bord. Retirer les bulles d'air et fermer les pots (ne pas trop visser les bagues).
7. Déposer les pots dans la marmite d'eau chaude. Effectuer un traitement de chaleur de 20 minutes, puis fermer le feu et laisser reposer dans l'eau 5 minutes.
8. Retirer les pots de l'eau, les laisser refroidir et vérifier que les couvercles sont bien enfoncés.

Variante

Pour une version chic et parfumée avec une épice québécoise au parfum envoûtant, ajouter 1 ou 2 brins de safran local dans chaque pot. Si vous ne trouvez pas de verjus, utilisez du vinaigre de cidre.

GIARDINIERA

Ce classique italien, qui signifie « jardinière », pourrait aussi être baptisé marinade touski ! Par exemple, si vous êtes revenus du marché avec des haricots plutôt que des poivrons, remplacez-les ! Pour un maximum de polyvalence, mieux vaut les conserver en gros morceaux (parfait quand on sert la giardiniera à l'apéro, voir page 140) et les hacher au besoin, une fois le pot ouvert, si on aime ajouter des petits morceaux de légumes marinés à ses pizzas (page 156), dans ses sandwichs.

DONNE 4 x 500 ml (2 tasses)

Ingrédients

350 g de chou-fleur en petits bouquets

225 g de carottes en rondelles

225 g de céleri en biseau (ou moitié céleri, moitié fenouil)

150 g d'oignons en gros cubes

150 g de poivrons rouges en gros cubes

100 g de poivrons verts en gros cubes (pour un goût plus piquant, remplacer une partie du poivron vert par du piment serrano ou jalapeno en rondelles)

750 ml (3 tasses) de vinaigre de cidre

500 ml (2 tasses) d'eau

45 ml (3 c. à soupe) de miel

3 feuilles de laurier

3 gousses d'ail en quartiers

10 ml (2 c. à thé) d'origan séché

10 ml (2 c. à thé) de gros sel à marinades

5 ml (1 c. à thé) de grains de poivre

Préparation

1. Effectuer l'étape de la préparation des pots et des couvercles (voir « Technique de base pour la mise en conserve », page 60) et les laisser dans l'eau chaude jusqu'à l'étape du remplissage.
2. Préparer les légumes tel qu'il est indiqué dans la liste des ingrédients, et les réserver ainsi : chou-fleur et carottes ensemble, céleri et oignons ensemble, poivrons ensemble.
3. Dans une grande casserole, porter à ébullition le vinaigre, l'eau, le miel, le laurier, l'ail, l'origan, le sel et le poivre.
4. Déposer le chou-fleur et les carottes dans la casserole, porter de nouveau à ébullition et cuire 3 minutes. Ajouter le céleri et les oignons, reporter à ébullition et cuire 1 minute.
5. Retirer la casserole du feu. Ajouter les poivrons (et le piment si utilisé) et mélanger. Retirer les feuilles de laurier.
6. Sortir les légumes du vinaigre à l'aide d'une écumoire et les répartir dans les pots.
7. Verser le vinaigre chaud jusqu'à 2 cm (1 po) du bord, puis ajouter les aromates restés au fond de la casserole (ail, poivre). Enlever les bulles dans les pots et fermer (ne pas trop visser les bagues).
8. Déposer les pots dans la marmite d'eau chaude. Effectuer un traitement de chaleur de 15 minutes, puis fermer le feu et laisser reposer 5 minutes.
9. Retirer les pots de l'eau, les laisser refroidir et vérifier si les couvercles sont bien enfoncés. Entreposer de 3 à 4 semaines avant de déguster.

KIMCHI LOCAL

S'il y a une fermentation qui a la cote actuellement, c'est bien le kimchi ! Les kimchis coréens sont « rougis » à l'aide d'une pâte de piment unique qui doit être importée. Voici donc une proposition locavorisée « rougie » à l'aide du coulis de poivron rouge (page 93), qui pourra être pimentée à votre goût.

DONNE 1 pot de 1 litre (4 tasses) ou 2 pots de 500 ml (2 tasses)

Ingrédients

20 g de sel (soit 2 % du poids total pour environ 1 kg d'ingrédients)

1 litre (4 tasses) d'eau ayant reposé (voir la note ci-dessous)

600 g de chou nappa en gros morceaux

150 g de carottes en rondelles

75 g de radis d'hiver en demi-rondelles

3 oignons verts en tronçons de 2 cm (1 po)

3 gousses d'ail hachées

30 ml (2 c. à soupe) de gingembre haché

15 ml (1 c. à soupe) d'algue kombu hachée ou en morceaux

60 ml (¼ tasse) de coulis de poivron rouge (page 93) (ou de sauce tomate réduite)

5 à 10 ml (1 ou 2 c. à thé) de flocons de piments forts ou de paprika local

5 ml (1 c. à thé) de miel

Préparation

1. Préparer la saumure : dans un bol ou une grande tasse à mesurer, diluer 20 g de sel dans 1 litre (4 tasses) d'eau.
2. Dans un grand bol, mélanger le chou, les carottes et les radis. Verser la saumure sur les légumes et mélanger.
3. Déposer une assiette sur les légumes et placer un poids sur l'assiette (par exemple une conserve) afin de maintenir les légumes sous la saumure. Laisser reposer à température ambiante de 3 à 8 heures (ou toute la nuit).
4. Égoutter les légumes. Pendant ce temps, mélanger tous les autres ingrédients dans le grand bol. Remettre les légumes dans le bol et mélanger avec les mains en massant quelques minutes, jusqu'à ce que le mélange devienne juteux.
5. Répartir le mélange dans deux pots de 1 litre (4 tasses), une petite quantité à la fois, en pressant pour tasser les légumes entre chaque ajout (voir l'étape 3, page 107).
6. Finaliser l'empotage selon les étapes 5 à 7 à la page 107 et laisser fermenter au moins 3 jours. Goûter à partir du troisième jour. Lorsque le kimchi est acidulé à votre goût, transvidez le contenu de l'un des pots dans l'autre, afin d'obtenir un seul pot de 1 litre (4 tasses) bien rempli (ou encore répartissez les légumes dans deux pots de 500 ml / 2 tasses), puis les placer au frais.

Note

Lorsque l'eau du robinet est chlorée, il faut la laisser reposer quelques heures ou une nuit sur le comptoir pour que le chlore s'évapore.

PARTIE 2

LE TEMPS DE SAVOURER

LES PROVISIONS

MASON

LE TEMPS SE RAFRAÎCHIT, LES FEUILLES COLORÉES FINISSENT DE TOMBER. PAS DE DOUTE, ON AVANCE VERS L'HIVER. LES CHAMPS SONT RÉCOLTÉS, LES POTAGERS SONT VIDÉS OU PRESQUE, L'ABONDANCE DES PRODUITS FRAIS DE SAISON REVIENDRA DANS QUELQUES MOIS... MAIS D'ICI LÀ, QU'EST-CE QU'ON MANGE ?

C'est simple : il existe une ribambelle de légumes de conservation locaux qui n'attendent qu'à devenir les nouvelles vedettes de vos assiettes. On complète ces « légumes d'hiver » avec les produits conservés durant la saison des récoltes. Parce que l'idée de base de la conservation, c'est bien sûr de faire des provisions, mais surtout... de les manger !

OUVREZ VOS POTS !

On a tous déjà eu dans le garde-manger des petits pots savoureux qu'on gardait pour plus tard ou qu'on réservait pour « le bon moment ». Mais on ne fait pas des provisions pour les regarder et les collectionner. Ces aliments doivent servir à nourrir le corps, pas juste l'imagination... Alors pourquoi ne pas faire de chaque jour une occasion spéciale et entamer, dès novembre, les réserves ?

Allez-y : « le bon moment », c'est maintenant ! Si la sauce tomate ne demande pas une imagination débordante pour trouver sa place en cuisine, d'autres produits que vous aurez congelés, mis en pots, séchés ou fermentés vous sembleront peut-être au départ moins faciles à intégrer dans votre popote quotidienne. Et pourtant ! Les chapitres suivants vous inspireront à les mettre au menu.

RÉFLEXION SUR LA VARIÉTÉ ET LA CRÉATIVITÉ

« Manger varié » est un des piliers de la saine alimentation. En diversifiant les aliments, on obtient les différents éléments nutritifs dont le corps a besoin pour bien fonctionner. Et si manger en fonction des saisons nous permettait de manger de façon variée, au rythme naturel de notre environnement ? Quand on consomme des aliments locaux de saison, l'été, la variété n'est pas un enjeu. Par temps froid, il faut tout simplement user de créativité pour mettre au menu les différents légumes d'hiver (page 120) de mille et une manières ; si on ajoute les provisions qu'on s'est bâties durant la belle saison, la variété s'invite au menu de façon impressionnante, même en mode proximité !

Les légumes des mois plus froids

Durant la saison des récoltes, vous avez fait des provisions de légumes locaux. Ils pourront s'ajouter aux « légumes de conservation » qu'il est possible de trouver localement même l'hiver. Certains d'entre eux (ainsi que les pommes) sont récoltés à l'automne et peuvent se conserver longtemps lorsque les conditions sont optimales. On trouve aisément plusieurs légumes pendant les premiers mois d'hiver, alors que d'autres, bien conservés, vous accompagneront littéralement jusqu'à la prochaine saison des récoltes. D'autres encore, comme les endives et les pousses (page 159), sont cultivés à l'intérieur. Voici des alliés à mettre au menu l'hiver :

AIL

BETTERAVE

CAROTTE

CÉLERI-RAVE

CHOUX VARIÉS

COURGES VARIÉES

ÉCHALOTE

ENDIVE

NAVET

OIGNON

PANAIS

PATATE DOUCE

POIREAU

POMME DE TERRE

RADIS D'HIVER (par exemple radis noir et daïkon)

RUTABAGA

TOPINAMBOUR

SAVEURS DE PROXIMITÉ

Une multitude de substitutions sont possibles pour certains aliments venus de loin ou « anonymes », qu'on utilise parfois en mode automatique. À l'aide du tableau qui suit et des nombreuses astuces d'approvisionnement partagées dans la première partie, vous pouvez aborder toutes les recettes de ce livre en vous disant qu'il est possible de trouver l'ensemble des ingrédients de provenance locale et artisanale, à l'exception du sel, du poivre, de la poudre à pâte (levure chimique) et du bicarbonate de soude.

Les recettes sont aussi ponctuées de produits et d'aromates issus de la cueillette sauvage, généralement « facultatifs », afin que vous puissiez les préparer même quand vous n'avez pas ces produits sous la main. Leur présence ici vous donnera néanmoins des idées pour les ajouter au menu, si le cœur vous en dit. Voilà une belle manière – moins compliquée qu'on puisse le penser – de mettre en valeur ce que notre territoire a de mieux à offrir !

ALIMENTS ANONYMES OU VOYAGEURS	EXEMPLES D'ALIMENTS PROVENANT D'UNE FERME, D'UN CUEILLEUR OU D'UN ARTISAN DE PROXIMITÉ
Câpres	Boutons de marguerites ou baies de sureau immatures*
Farines de blé et d'avoine de grandes marques	Farines de blé et d'avoine de fermes locales Autres grains et farines locales (épeautre, sarrasin, seigle, avoine nue...)
Fromages de tous les types	Des dizaines de fromagers fermiers proposent leurs créations, faciles à trouver, et pouvant remplacer les différents fromages importés, de vache, de chèvre ou de brebis, des pâtes fraîches comme la mozzarella aux pâtes dures. Certains proposent aussi du yogourt fermier nature fait avec du lait de leur troupeau, sans sucre importé ajouté.
Graines de chia	Graines de lin ou de cameline
Graines de citrouille importées	Les graines de vos courges et de vos citrouilles, entières grillées ou de variétés à pépins nus (voir page 133), ou encore les variantes pour remplacer les noix importées, à la page suivante.
Huile d'olive	Huiles de tournesol, de cameline, de chanvre, de lin, de canola ou de pépins de canneberge
Jus de citron, jus de lime (citron vert)	Vinaigre de cidre, vinaigre d'érable et autres vinaigres artisanaux d'ici. Pour les conserves, consultez la page 75. Verjus de pommes ou de raisins (issu du pressage de raisins ou de pommes immatures) La choucroute peut aussi servir à ajouter de l'acidité selon les recettes.

ALIMENTS ANONYMES OU VOYAGEURS	EXEMPLES D'ALIMENTS PROVENANT D'UNE FERME, D'UN CUEILLEUR OU D'UN ARTISAN DE PROXIMITÉ
Noix, noisettes, pistaches, amandes, cajous	Certains producteurs offrent des noix de noyer noir ou de noyer cendré, des noisettes et d'autres noix nordiques ; si vous en trouvez, profitez-en ! Comme les quantités offertes sont encore modestes, il est possible de remplacer les noix importées par des graines de tournesol canadiennes dans plusieurs recettes.
Pois chiches et farine de pois chiche	Plusieurs légumineuses, dont les pois chiches, sont cultivées au Canada. Si on souhaite se rapprocher de ce qui se produit au Québec et que l'on peut trouver en mode *mangez près*, les pois jaunes et la farine de pois jaunes sont à essayer. D'autres légumineuses sèches proviennent de fermes de proximité comme les lentilles béluga et différents haricots, par exemple.
Poivre	Poivre des dunes* moulu, à ajouter de préférence en fin de cuisson
Riz, quinoa, couscous importés	Avoine nue, orge, couscous de chou-fleur local
Sauces piquantes commerciales, piment d'Espelette	Sauces piquantes artisanales faites de piments locaux, ou piments locaux séchés comme le piment Gorria
Sucre, cassonade, mélasse, sirop de maïs	Sucre ou sirop d'érable, miel, parfois confiture
Vanille	Mélilot*
Vinaigre balsamique	Sirop de bouleau*
Vinaigre blanc, vinaigre de vin importé	Vinaigre de cidre, vinaigre d'érable et autres vinaigres artisanaux d'ici. Pour les conserves, consultez la page 75. Verjus de pommes ou de raisins La choucroute peut aussi servir à ajouter de l'acidité selon les recettes.

* Les produits issus de la cueillette sauvage sont offerts dans plusieurs épiceries fines et marchés publics ainsi qu'en ligne sur les sites Web de cueilleurs tels que Gaspésie Sauvage, Gourmet Sauvage, Les Jardins Sauvages, Prendre Racine, Forêts & Papilles, et plusieurs autres partout au Québec. Dénicher ces saveurs du territoire, c'est plus facile qu'on pense. C'est un univers de parfums bien de chez nous à découvrir.

NOTE Différentes algues locales, une multitude de champignons sauvages et tant d'autres saveurs du territoire peuvent agrémenter votre cuisine ! Explorez !

Novembre

Novembre est un mois de transition entre les produits frais issus des dernières récoltes encore disponibles, et le début de la saison où on récolte plutôt… dans ses provisions ! On peut encore travailler à bâtir ces provisions pour certains aliments (courges, poireaux, canneberges, poires…), tout en commençant à les entamer en parallèle pour d'autres (sauce tomate, pestos, fruits en pots). Ce chapitre sera donc une « transition » entre le temps des récoltes et la saison froide ; il comporte une technique de conservation et encore plus de recettes pour bâtir vos provisions, en attendant les suggestions de menus organisés autour de thèmes qui vous seront présentés à chaque mois pour la suite de la Partie 2 afin de vous inspirer à cuisiner vos réserves !

MISSION DU MOIS

PROFITER DES MARCHÉS DE NOËL

Vous n'avez pas fait autant de petits pots que vous l'auriez souhaité ? Pas de panique : les marchés de Noël se multiplient aux quatre coins de la province dès novembre et qui se poursuivent en décembre, au grand plaisir des petits et des grands.

Ces marchés à l'ambiance unique sont l'occasion de faire, jus ou vin chaud à la main, des trouvailles exquises pour les bas de Noël, les cadeaux d'hôtesse, les festins des Fêtes… ainsi que pour renflouer vos réserves de fruits et de légumes locaux sous forme d'alléchants petits pots (relishs, marinades, cornichons, tartinades, confitures, chutneys, etc.) ! Certains producteurs et artisans gourmands participent à un marché de Noël ponctuel d'une journée ou d'un week-end, tandis que d'autres y tiennent kiosque pendant un mois complet, ce qui contribue de façon significative à leurs ventes. Les marchés de Noël constituent une façon gagnant-gagnant de transformer votre approvisionnement en activité, tout en faisant le plein de produits gourmands de proximité ! Vous pouvez repérer plusieurs de ces marchés sur le site Web de l'Association québécoise des marchés publics, auprès des associations touristiques de votre région, ou simplement en demeurant à l'affût de ce qui bouge autour de chez vous !

TECHNIQUE DU MOIS

LE CAVEAU

Avant l'ère de la réfrigération, au Québec comme ailleurs dans les pays ayant une saison froide, les gens trouvaient des moyens de conserver les aliments pour les mois sans récoltes. L'un d'entre eux était le caveau à légumes.

Traditionnellement au Québec, plusieurs caveaux étaient des structures creusées dans le sol qui permettaient un espace de stockage à température fraîche et stable. On y conservait, par exemple, les pommes de terre et les navets dans des caissons de bois ajourés pour permettre la circulation d'air ; les carottes étaient déposées dans un bac de sable ou de bran de scie et les choux étaient suspendus.

Plusieurs caveaux à légumes au Québec étaient construits en pierres des champs pour la partie qui sortait du sol et recouverts d'une arche de pierre ou d'un toit en bois de cèdre, souvent couvert de terre en guise d'isolation. En quoi cela nous aide-t-il à *manger près* dans nos vies actuelles ? En fait, le caveau est plus qu'une structure physique qui appartient à notre patrimoine culturel et culinaire, on peut s'en inspirer !

Si vous avez l'espace nécessaire et la volonté de le faire, vous pourrez toujours entreprendre de construire un caveau selon des plans à l'ancienne ou encore un « néo-caveau » avec des techniques et des matériaux modernes. Vous pouvez aussi transformer une armoire, une garde-robe d'entrée, un coin du sous-sol ou du garage, un cabanon près de la maison, ou tout autre racoin qui peut être isolé et ventilé, de façon à obtenir les conditions idéales (température fraîche et stable, noirceur, humidité et ventilation) qui seront appréciées des pommes de terre, des carottes, des betteraves, des panais, des choux, des navets, du céleri-rave, des poires et des pommes. L'humidité d'un caveau n'est pas une condition optimale pour l'oignon et l'ail, et la température fraîche n'est pas essentielle pour les courges.

S'inspirer du caveau dans sa cuisine

Si créer ou adapter un espace en caveau est possible pour certaines personnes, cela sera peu envisageable pour d'autres qui n'ont pas un tel espace dans leur logement, ou qui y demeurent de façon temporaire, par exemple. On peut aussi réfléchir à des projets de caveaux collectifs en s'inspirant des jardins collectifs ou encore de l'idée de partager un congélateur coffre entre voisins.

On peut également s'inspirer du caveau pour optimiser la durée de vie de nos légumes de conservation. En effet, en nous référant aux « préférences » des différents légumes d'hiver, nous pouvons leur offrir les meilleures conditions possibles afin de favoriser leur conservation dans notre logis. Par exemple, la plupart des légumes qui apprécient la noirceur, la fraîcheur et l'humidité du caveau se conservent bien au réfrigérateur. Placez donc carottes, panais, betteraves, navets et céleris-raves dans le tiroir à légumes au bas du réfrigérateur, de façon à ce qu'ils soient séparés des pommes (qu'on place dans l'autre tiroir, car elles dégagent de l'éthylène, un gaz de mûrissement).

Parce qu'il se remplit vite, d'autres légumes, heureusement, se conservent bien hors du réfrigérateur :

- **L'ail et l'oignon** peuvent être conservés à la température ambiante, notamment suspendus (pensez aux tresses d'ail) ou dans des sacs en filets qui permettent une bonne circulation d'air. Un endroit chaud (par exemple près du four) n'est pas idéal. La tresse d'ail peut décorer un corridor ou un salon, en évitant les rayons du soleil direct. Quant aux oignons, l'espace sombre et un peu plus frais du bas d'un garde-manger peut convenir à les suspendre dans leur sac-filet ou à les placer dans des paniers ou des caisses ajourés pour favoriser la circulation d'air ; si vous avez un sous-sol frais, c'est encore mieux.
- **Les courges et les citrouilles** s'accommodent bien de la température stable de la pièce. On peut les garder à la vue dans la maison et ainsi les faire participer à la décoration ! Cela nous permet aussi de les surveiller et de mettre au menu celles qui nous envoient des signes que c'est leur tour d'être mangées.
- **Les pommes de terre** apprécient les endroits frais, mais pas froids. Dans un sac de papier perforé qui protège de la lumière tout en permettant l'aération, elles se conservent quelques semaines dans le bas sombre et frais d'un garde-manger. Si vous avez un coin encore plus frais, dans le sous-sol par exemple, elles peuvent se conserver

des mois, surtout lorsqu'elles n'ont pas été lavées (un avantage du potager ou de s'approvisionner directement du fermier, qui tient aussi pour les patates douces). Dans tous les cas, on ne les place pas trop près des oignons (qui tendent à les faire germer).

- **Les carottes et les panais** s'accommodent bien du bac à légumes du réfrigérateur. Pour conserver l'humidité, on les place idéalement dans des contenants laissés entrouverts ou dans des sacs de plastique perforés réutilisables, afin de les laisser respirer. Il est aussi possible de reproduire la technique de nos ancêtres – les conserver dans un bac de sable ou de bran de scie –, ce qui aide à conserver l'humidité appréciée de ces légumes-racines. Un truc à essayer avec les légumes de votre potager ou achetés à la ferme, car ils ne doivent pas avoir été lavés. Notez que si vous avez des carottes au potager, vous pouvez les y laisser jusqu'en hiver et les récolter sous la neige tant que le sol n'est pas gelé trop profondément !

Déléguez !

Si vous cultivez un grand potager ou que vous profitez des derniers marchés d'automne pour faire des provisions, il faut évidemment déployer de bonnes pratiques de conservation pour garder vos légumes durant l'hiver. Or, il est aussi possible de « déléguer » la conservation de nos légumes locaux à des experts : les fermiers qui créent chez eux les conditions optimales aux différents légumes et qui nous livrent toutes les deux semaines des légumes de proximité sous forme de paniers d'hiver (voir page 102). C'est une solution vraiment pratique et efficace pour s'assurer un approvisionnement régulier en légumes, que les maraîchers bio prennent soin de conserver pour nous entre chaque livraison, sans que l'on ait à les chercher ou à les entreposer pendant des mois. Qui dit mieux ! Certains supermarchés offrent également des légumes de conservation de maraîchers régionaux, ce qui permet d'en acheter régulièrement de petits volumes. Si vous manquez d'information sur la provenance des légumes de conservation à l'épicerie, posez des questions et laissez transparaître votre appétit pour les aliments locaux !

Sauver les légumes !

PENDANT LE MOIS D'OCTOBRE, ON A GÉNÉRALEMENT RÉCOLTÉ CE QUI EST PRÉFÉRABLE DE L'ÊTRE AVANT LES PREMIERS GELS (TOMATES, AUBERGINES ET FINES HERBES) OU APRÈS UN OU QUELQUES GELS (POIREAUX, CHOUX, BETTERAVES, CAROTTES). EN NOVEMBRE, ASSUREZ-VOUS DE NE RIEN PERDRE DE TOUTES VOS RÉCENTES RÉCOLTES À LA FERME, AU MARCHÉ OU AU POTAGER. POUR VOUS OUTILLER À TOUT VALORISER, LES RECETTES ET LES TECHNIQUES DES MOIS DE SEPTEMBRE ET D'OCTOBRE SONT PLEINES D'IDÉES ; EN VOICI QUELQUES AUTRES POUR COMPLÉTER !

TARTINADE DE TOMATES VERTES « ROUGIES »

Avant le premier gel, on a récolté les tomates, les rouges comme les vertes. La plupart de ces dernières finiront par rougir à l'intérieur, mais pas toutes. Après tous les soins qu'elles ont reçus depuis le début de l'été, pas question de les gaspiller ! S'il faut les faire rougir « de force », on peut leur donner un petit coup de main en les faisant flirter avec la canneberge, qu'on trouve fraîche en novembre (profitez-en pour en congeler et pour mettre en pots des atocas !).

DONNE 7 pots de 250 ml (1 tasse)

Ingrédients

1,5 litre (6 tasses) de tomates vertes, épépinées, en dés

3 pommes moyennes, pelées, en morceaux

375 ml (1 ½ tasse) de miel

375 ml (1 ½ tasse) de sirop d'érable

750 ml (3 tasses) de canneberges fraîches ou congelées

250 ml (1 tasse) de fraises (ou de framboises) congelées

Préparation

1. Effectuer l'étape de la préparation des pots et des couvercles (voir « Technique de base pour la mise en conserve », page 60) et les laisser dans l'eau chaude jusqu'à l'étape du remplissage.
2. Dans une grande casserole, mélanger les tomates et les pommes avec le miel et le sirop d'érable. Porter à ébullition à feu moyen-vif, puis réduire le feu et laisser mijoter 15 minutes.
3. Ajouter les canneberges et les fraises, puis laisser mijoter encore 10 minutes.
4. Mixer à l'aide d'un pied-mélangeur (partiellement pour une texture plus rustique ou entièrement pour une texture parfaitement lisse).
5. Verser le mélange dans les pots jusqu'à 0,5 cm (¼ po) du bord. Enlever les bulles dans les pots et fermer (ne pas trop visser les bagues).
6. Déposer les pots dans la marmite d'eau chaude. Effectuer un traitement de chaleur de 10 minutes, puis fermer le feu et laisser reposer 5 minutes.
7. Retirer les pots de l'eau, les laisser refroidir et vérifier si les couvercles sont bien enfoncés.

Note

Pour une photo de la tartinade « rougie », voir à la page 171.

Variante

S'il vous manque des tomates vertes, vous en trouverez dans certains marchés, sinon vous pouvez simplement préparer une demi-recette ou remplacer les tomates vertes manquantes par de la poire.

Ketchup vert

Vous avez encore des tomates vertes ? Préparez le ketchup aux fruits de la page 95 en remplaçant les tomates rouges par des vertes ! Omettez le coulis de poivron rouge et remplacez le sucre d'érable par du miel.

CHUTNEY DE CITROUILLE

La citrouille, c'est TELLEMENT plus qu'une décoration d'Halloween ! Une fois le 31 octobre passé, c'est l'heure d'y faire honneur en cuisine. En plus d'entrer dans la préparation de réconfortants potages, la citrouille s'ajoute, en cubes ou en tranches, aux plaques de légumes que l'on fera griller, aux mijotés et aux quiches. Si vous ne cuisinez pas sur-le-champ toute la chair de la citrouille, faites-en une purée et congelez-la en portions identifiées (125 ml / ½ tasse, 250 ml / 1 tasse ou 500 ml / 2 tasses), puis intégrez-la au chili (page 149), aux pizzas (page 156), aux sauces (page 80), aux trempettes (page 161) ou aux muffins, biscuits et gâteaux. Vous pouvez aussi préparer des cuirs de fruits (page 96), mettre en pots de la compote d'automne (page 79), des tartinades ou ce délicieux chutney !

DONNE 5 pots de 250 ml (1 tasse)

Ingrédients

425 ml (1 ¾ tasse) de vinaigre de cidre

425 ml (1 ¾ tasse) de sirop d'érable

60 ml (¼ tasse) d'eau

1,125 litre (4 ½ tasses) de citrouille pelée, en dés de 0,5 à 1 cm (¼ à ½ po)

2 grosses pommes ou poires pelées, en dés de 0,5 à 1 cm (¼ ou ½ po)

1 oignon moyen haché finement

1 petit piment fort haché finement

2 gousses d'ail hachées finement

15 ml (1 c. à soupe) de gros sel à marinades

Gingembre du Québec, haché finement (au goût)

Préparation

1. Effectuer l'étape de la préparation des pots et des couvercles (voir « Technique de base pour la mise en conserve », page 60) et les laisser dans l'eau chaude jusqu'à l'étape du remplissage.
2. Porter le vinaigre, le sirop d'érable et l'eau à ébullition dans une casserole d'au moins 3 litres (12 tasses).
3. Ajouter le reste des ingrédients. Porter à ébullition, puis réduire le feu et laisser mijoter environ 30 minutes ou jusqu'à ce que la citrouille soit tendre.
4. Remplir les pots de chutney jusqu'à 1 cm (½ po) du bord. Enlever les bulles et fermer (ne pas trop visser les bagues).
5. Remettre les pots dans la marmite d'eau chaude. Effectuer un traitement de chaleur à l'eau bouillante de 15 minutes, puis fermer le feu et laisser reposer 5 minutes.
6. Retirer les pots de l'eau, les laisser refroidir et vérifier si les couvercles sont bien enfoncés.

Note

Ce chutney sera un régal dans un grilled-cheese, sur un canapé (page 143), dans une farce (page 143), en garniture sur un poisson, ou encore en accompagnement d'un morceau de viande ou de tofu grillé. On peut s'amuser à parfumer le chutney de quelques épices boréales.

Le saviez-vous ?

Il existe des cultivars de citrouille, par exemple la Lady Godiva et la Styrian, qui ont naturellement des graines « nues », sans écale (comme les graines de couleur verte qu'on trouve généralement en magasin). Demandez-les aux fermiers qui cultivent un large éventail de variétés pour vous approvisionner et aux semenciers si vous aimeriez en planter au potager la saison prochaine.

VALORISER LES GRAINES DES COURGES ET DES CITROUILLES

En magasin, il est plutôt difficile de mettre la main sur les graines de citrouille de provenance locale. Profitez donc au maximum de celles qui vous sont offertes dans votre citrouille !

Graines de courge ou de citrouille grillées

Débarrasser les graines des filaments de la citrouille, mais sans les rincer. Étaler les graines sur une plaque et les y laisser environ 24 heures, en les remuant de temps en temps. Le but est de les sécher avant de les rôtir. Ajouter ensuite un peu d'huile, de sel et d'autres aromates (épices, sucre d'érable, gingembre, ail, piment), selon votre inspiration. Cuire au four préchauffé à 150 °C (300 °F) de 15 à 30 minutes (selon la variété), en remuant à mi-cuisson et en surveillant. Cette méthode est valide pour les graines de tous les types de courges et de citrouilles, mais il faut ajuster le temps de cuisson à la grosseur des graines. À grignoter telles quelles en collation avec des fruits séchés.

ASTUCE Pour obtenir une chapelure de graines de citrouille, passez simplement vos graines rôties, avec les écales, au moulin à épices ou au robot culinaire. Vous pouvez l'utiliser en remplacement des graines de pavot ou de sésame, par exemple sur un poisson (page 181) ou dans le granola (page 139).

Décembre

En décembre, les villes et les villages s'illuminent. Le temps s'est refroidi, mais on se réchauffe les mains en tenant son verre de vin chaud aux marchés de Noël, dont certains se poursuivent tout au long du mois (page 125). On tient aussi son cœur au chaud en cuisinant de multiples plats pour gâter les gens qu'on aime. Les festivités tapissent l'agenda, les enfants sont excités et les familles se rassemblent autour d'une table bien garnie. Cette année, pourquoi ne pas cuisiner des cadeaux gourmands et offrir des saveurs locales lors de vos réceptions ?

MISSION DU MOIS

CUISINER DES CADEAUX GOURMANDS

« C'est le temps que tu as perdu pour ta rose qui fait ta rose si importante », disait le Renard au Petit Prince de Saint-Exupéry.

Ce mois-ci, prenez le temps de cuisiner des cadeaux gourmands pour les personnes importantes à vos yeux. En plus des idées qui vous attendent aux pages 138 et 139, n'oubliez pas que les trésors que vous avez mis en pots ces derniers mois font aussi de fabuleux cadeaux. Bien sûr, cuisiner vous demandera un peu de temps, mais ce sera du temps en moins passé sous les néons des centres commerciaux. Voilà un joli petit pied de nez au festival de la (sur)consommation, savoureux geste de décroissance gorgé de sens !

Un coup de pouce pour se lancer

Une autre idée de cadeau : offrir de l'équipement à quelqu'un qui aurait envie de se lancer dans la conservation et la mise en valeur des produits de saison. Du matériel de mise en conserve (pots, pince, entonnoir…), un tapis de cuisson réutilisable, une sélection de semences pour démarrer un coin potager, les exemples ne manquent pas. Le déshydrateur peut devenir un cadeau familial, puisque tout le monde profitera des délices qui en sortiront !

Cadeaux gourmands

CETTE ANNÉE, POURQUOI NE PAS CONFECTIONNER VOUS-MÊME LES CADEAUX QUE VOUS OFFRIREZ, TANT À L'HÔTESSE QUI REÇOIT LA FAMILLE QU'À L'ENSEIGNANTE DE VOTRE PLUS JEUNE OU À VOTRE PATRON ? VOUS POURRIEZ, PAR EXEMPLE, DONNER DU GRANOLA À MARIA, DES SABLÉS À MÉMÉ, UNE MARINADE À JADE, UN CHUTNEY À ONCLE ROGER, DES FRUITS SÉCHÉS AUX BÉLANGER, UN KETCHUP AUX FRUITS À SYLVIE, UNE CONFITURE À GRAND-PÈRE ARTHUR, DES BISCOTTIS À LILI… ET ON POURRAIT CONTINUER LONGTEMPS ! VOICI QUELQUES EXEMPLES DE PRODUITS FAITS AVEC DES ALIMENTS LOCAUX.

1. Biscuits à la confiture (page 138) ; **2.** Sablés (réalisés à base des retailles des biscuits à la confiture) ; **3.** Biscottis au gingembre et aux pommes séchées ; **4.** Granola maison (page 139) ; **5.** Conserves maison ; **6.** Tisanes du jardin (page 139); **7.** Mélange à biscuits en pots au sucre d'érable et aux fruits

2
3
5
7

BISCUITS À LA CONFITURE

Si les pots de confiture maison sont de savoureux cadeaux en soi, que dire de ces biscuits à la confiture ! Si vous en laissez près de la cheminée le 24 décembre, le père Noël repassera l'année suivante, c'est garanti !

DONNE 15 biscuits + quelques petits biscuits issus de retailles

Ingrédients

500 ml (2 tasses) de farine tout usage non blanchie

2,5 ml (½ c. à thé) de poudre à pâte

175 ml (¾ tasse) de graines de tournesol moulues

2,5 ml (½ c. à thé) de sel

125 ml (½ tasse) de beurre ramolli

175 ml (¾ tasse) de sucre d'érable

1 œuf

10 ml (2 c. à thé) d'essence de mélilot (ou d'extrait de vanille)

125 ml (½ tasse) de **tartinade de tomates vertes « rougies »** (page 131) (ou une confiture préparée durant l'été, ou dénichée à la ferme ou au marché)

Préparation

1. Préchauffer le four à 160 °C (325 °F). Tapisser deux plaques de cuisson d'un tapis de cuisson.
2. Dans un bol, mélanger la farine avec la poudre à pâte, les graines de tournesol moulues et le sel.
3. Dans un grand bol, crémer le beurre et le sucre d'érable au batteur électrique. En continuant de battre, ajouter l'œuf et le mélilot.
4. Ajouter les ingrédients secs et mélanger à l'aide d'une spatule et finir avec les mains. Former la pâte en boule, l'emballer dans une pellicule de plastique et la placer au réfrigérateur 30 minutes.
5. Fariner une surface de travail. Abaisser la pâte à environ 3 mm (⅛ po) d'épaisseur à l'aide d'un rouleau à pâtisserie.
6. Utiliser des couvercles de pot Mason pour tailler 15 ronds de pâte et les déposer sur une plaque. Tailler 15 autres ronds de pâte et retirer un petit morceau de pâte au centre à l'aide d'un emporte-pièce plus petit. Déposer ces ronds de pâte sur la seconde plaque.
7. Cuire au four 15 minutes ou jusqu'à ce que les biscuits soient légèrement colorés en interchangeant les plaques à mi-cuisson.
8. Tartiner un biscuit non troué d'environ 7,5 ml (½ c. à soupe) de confiture jusqu'à environ 5 mm (¼ po) du bord, puis placer un biscuit troué sur le dessus. Déposer le biscuit ainsi assemblé sur une grille de refroidissement, et manipuler le moins possible jusqu'au refroidissement complet. Procéder de la même façon pour les autres biscuits.

Variante

Vous pouvez aussi congeler la pâte en boudin. Il suffira d'en trancher des rondelles et de les cuire quand vous aurez une petite envie de biscuits !

GRANOLA AUX FRUITS SÉCHÉS

Parce qu'on a tous besoin d'une bonne recette de granola à ajouter à son yogourt, qu'il fait un si joli cadeau gourmand et que c'est une formidable façon de savourer ses fruits d'été séchés !

DONNE ENVIRON 1 litre (4 tasses)

Ingrédients

750 ml (3 tasses) de gros flocons d'avoine

60 ml (¼ tasse) de noix nordiques ou de graines de tournesol

60 ml (¼ tasse) de graines de citrouille décortiquées (ou de variété à graines nues) (page 133)

30 ml (2 c. à soupe) de graines de lin ou de cameline

60 ml (¼ tasse) de **chapelure de graines de citrouille** (page 133) (facultatif)

Une pincée de sel

60 ml (¼ tasse) de **compote** (page 79) au choix

125 ml (½ tasse) de sirop d'érable

60 ml (¼ tasse) d'huile de cameline ou de tournesol, ou de beurre fondu

125 ml (½ tasse) de **fruits séchés maison** (fraises, cerises de terre, raisins, bleuets, pommes ou pelures de pomme)

Préparation

1. Préchauffer le four à 160 °C (325 °F). Couvrir une plaque d'un tapis de cuisson.
2. Dans un grand bol, mélanger les flocons d'avoine, les noix, les graines, la chapelure (si désiré) et le sel.
3. Dans un autre bol, mélanger la compote, le sirop d'érable et l'huile (ou le beurre fondu). Verser ce mélange sur les ingrédients secs et bien mélanger.
4. Répartir le mélange sur la plaque.
5. Cuire au four de 30 à 35 minutes, en remuant délicatement 2 ou 3 fois pendant les 15 dernières minutes de cuisson. Le temps de cuisson peut varier selon le four et la plaque de cuisson. Le granola est cuit lorsqu'il est doré et croustillant.
6. Sortir du four, ajouter les fruits séchés, mélanger et laisser refroidir complètement dans la plaque avant d'emballer dans un contenant hermétique.

TISANES DU JARDIN

Les tisanes sont idéales pour valoriser ses herbes séchées, se réchauffer par temps froid, offrir de petits cadeaux gourmands (page 136) et accompagner un *afternoon tea* (page 163).

DONNE 1 pot de 500 ml (2 tasses)

Ingrédients

125 ml (½ tasse) de feuilles de menthe séchée

125 ml (½ tasse) de feuilles de sauge séchée

125 ml (½ tasse) de feuilles de mélisse séchée

2 ou 3 brins de thym séché en morceaux de 1 cm (½ po) (le thym citronné est délicieux)

60 à 125 ml (¼ à ½ tasse) d'une variante au choix (facultatif)

Préparation

1. Dans un grand bol, mélanger délicatement les ingrédients avec les mains bien sèches. Si désiré, concasser délicatement les plus grandes feuilles.
2. Transférer le mélange dans un pot hermétique et ranger à température ambiante, à l'abri de la lumière.

Variantes

FLEURIE : camomille pétales de rose sauvage ou de calendula, fleurs de trèfle, lavande. **FRUITÉE :** morceaux de pelures de pomme, queues de fraises **SAUVAGE :** petits morceaux de rameaux de thuya, jeunes pousses d'épinette thé du Labrador, thé des bois.

4
6
5
1

Apéro festif

À PEU PRÈS TOUS LES *PARTYS* COMMENCENT PAR UNE TABLE DE BOUCHÉES À GRIGNOTER, QUE L'ON DÉGUSTE EN SIROTANT UN VERRE ET EN JASANT AVEC LES INVITÉS. VOICI DES IDÉES INSPIRÉES DE VOS PROVISIONS POUR ACCUEILLIR VOS CONVIVES.

1. Boulettes de dinde aux courgettes (page 142) et ketchup aux fruits (page 95) **2.** Sirop de framboises (page 166) dans vos bulles locales préférées **3.** Duo de blinis (mi-blé mi-sarrasin), l'un garni de tzaziki d'hiver (page 161) et de truite locale fumée, l'autre garni de trempette maison au poivron (page 161) et d'une salade de bourgots à la mayonnaise (page 157) et aux poires (fraîches si vous en trouvez encore des locales ou en pots, page 113) **4.** Croûtons de fromage fermier et chutney de citrouille (page 132). **5.** Bol de giardiniera (page 114) **6.** Crudités et trempettes (page 161) en pots Mason. **7.** Fromage à croûte fleurie garni de bleuets en pots (page 67) cuit au four à 180 °C (350 °F) 8 à 15 minutes selon le format.

BOULETTES DE DINDE AUX COURGETTES

Ces petites boulettes sont parfaites comme bouchées des Fêtes, mais elles sont si polyvalentes que vous voudrez les savourer toute l'année. Ajoutez-en à vos plats de pâtes (page 174), dégustez-les en sous-marin ou en bol repas (page 183), ajoutez-en à vos soupes (page 148) ou utilisez la préparation en farce (page 143).

DONNE 40 petites boulettes

Ingrédients

500 ml (2 tasses) de **courgettes râpées congelées**, décongelées (page 45)

500 g (1 lb) de dinde hachée (ou de poulet haché)

250 ml (1 tasse) de chapelure

30 ml (2 c. à soupe) de **pesto de fleur d'ail** (page 48)

30 ml (2 c. à soupe) de **pesto de menthe** (page 48)

1 œuf

250 ml (1 tasse) de fromage à pâte dure du Québec, râpé

2,5 ml (½ c. à thé) de sel

1 ml (¼ c. à thé) de poivre

Préparation

1. Préchauffer le four à 200 °C (400 °F). Tapisser une plaque d'un tapis de cuisson.
2. Presser les courgettes décongelées avec les mains au-dessus d'une passoire dans l'évier afin d'en faire sortir un maximum d'eau.
3. Déposer les courgettes dans un grand bol avec tous les autres ingrédients. Mélanger avec les mains jusqu'à ce que tout soit bien amalgamé.
4. Façonner 40 boulettes un peu plus petites qu'une balle de golf et les déposer sur la plaque.
5. Cuire au four 20 minutes ou jusqu'à ce que les boulettes soient légèrement dorées.

Variante

Façonnez le mélange en galettes pour obtenir des burgers parfaits.

MÊME PAS UNE FARCE !

Version porc ou chair à saucisse

En remplaçant la dinde hachée par du porc haché ou encore par de la chair à saucisse artisanale, la préparation pour les boulettes de la page précédente peut servir de farce pour une volaille entière ou un rôti de volaille. Ajoutez 250 ml (1 tasse) de croûtons à la sauge (page 148), si désiré, et des morceaux de bacon cuit !

Version citrouille

Remplacer les courgettes par 250 ml (1 tasse) de purée de citrouille et 250 ml (1 tasse) de chutney de citrouille. Remplacer le pesto de menthe par du beurre de sauge (page 66) fondu.

Version poire

Remplacer les courgettes par 250 ml (1 tasse) de poireaux locaux frais ou congelés sautés au beurre et 250 ml (1 tasse) de poires en conserve (page 113) coupées en dés. Remplacer le pesto de menthe par de la pomme ou de la poire séchée hachée (page 87). Ajouter un peu de sirop de poire (page 166) au besoin pour ajuster la texture.

Cuire sa volaille à la perfection

Demandez conseil au producteur de qui vous achetez la volaille ou encore au boucher artisan : ils sauront vous guider en fonction du type de volaille choisi, du morceau, de sa taille et de vos goûts !

Janvier

« Mon pays, c'est l'hiver », chantait Gilles Vigneault. Voilà qui ne pourrait être plus vrai au cœur de janvier ! L'hiver, l'hiver, c'est pas une raison pour... ne pas manger local ! Ce mois-ci, plongez dans les plats réconfortants, parfaits pour le retour à la maison lors d'activités de plein air hivernales. Et pourquoi ne pas égayer vos menus avec une soirée pizza, inspirée des saveurs des récoltes que vous aurez conservées précisément pour les savourer durant les mois les plus froids ? L'hiver, l'hiver, c'est pas non plus une raison pour... manquer de frais et de vert ! Janvier, c'est un mois tout indiqué pour faire germer de la fraîcheur dans le confort de votre cuisine !

MISSION DU MOIS

FAIRE DES GERMINATIONS

Créez, directement dans votre cuisine, de la fraîcheur à croquer pour vos menus hivernaux grâce à la germination. Difficile de faire plus « près » ! En prime, c'est d'une simplicité désarmante. Voici comment faire :

- Placer quelques cuillères à thé de graines sèches (par exemple graines de trèfle ou de luzerne, ou encore des légumineuses comme les lentilles, les pois jaunes ou les gourganes) dans un pot en verre de 500 ml (2 tasses), puis fixer un morceau d'étamine (« coton à fromage ») sur l'ouverture à l'aide d'un élastique ou de la bague du couvercle dans le cas des pots de type Mason. Il existe aussi des couvercles perforés prévus à cet effet.
- Remplir le pot d'eau tiède pour rincer les graines et égoutter (l'étamine permet de retenir les graines).
- Remplir de nouveau le pot d'eau tiède et laisser tremper de 5 à 12 heures à l'abri de la lumière directe (plus les graines sont grosses, plus on laisse tremper longtemps).
- Égoutter l'eau de trempage, ajouter de l'eau pour rincer et égoutter de nouveau. Placer le pot à l'envers, incliné à environ 45°, dans un plat (un moule à pain, par exemple).
- Répéter l'opération rinçage matin et soir, puis replacer chaque fois le pot à l'envers, incliné. Les germinations sont prêtes au bout de 2 à 10 jours, selon les variétés, lorsqu'on voit le germe sortir de la graine. (Pour plus d'information, consultez la section « Références et outils » à la page 188.)

Lorsque les graines germées sont prêtes, transférez-les dans un contenant, gardez-les au réfrigérateur et savourez-les dans les 7 jours qui suivent : ajoutez-les à vos salades d'hiver (page 157), servez-les en garniture sur vos potages et dans vos sandwichs. Les germinations apportent un agréable complément de texture et de fraîcheur aux légumes d'hiver.

Le grand réconfort

UNE DES MEILLEURES FAÇONS D'APPRÉCIER L'HIVER, C'EST D'EN PROFITER POUR ALLER DEHORS. QUE VOUS AIMIEZ LE SKI ALPIN OU LA PLANCHE À NEIGE, LE SKI DE FOND OU LA RAQUETTE, LE PATIN, LA GLISSADE OU LES PROMENADES À PIED, IL N'Y A RIEN DE MIEUX QUE LES ACTIVITÉS DE PLEIN AIR POUR S'OUVRIR L'APPÉTIT. ON S'OXYGÈNE LES POUMONS, ON SE DÉGOURDIT LES JAMBES ET ON SE REMPLIT LES YEUX DE PAYSAGES PITTORESQUES. PUIS ON RENTRE AU CHAUD POUR SE RÉGALER DE PLATS RÉCONFORTANTS. QUEL PLAISIR ! EN VOICI QUELQUES-UNS, INSPIRÉS DE VOS PROVISIONS.

BŒUF BRAISÉ À LA RHUBARBE

Étonné par l'accord bœuf et rhubarbe ? L'inspiration vient d'une recette perse. La rhubarbe procure une agréable acidité qui donne de la fraîcheur à un plat résolument réconfortant. La recette se multiplie facilement si vous êtes nombreux à table ou que vous voulez des restes : c'est le genre de plat encore meilleur réchauffé !

DONNE 4 à 6 portions

Ingrédients

45 ml (3 c. à soupe) d'huile de tournesol, divisée

750 g (1 ½ lb) de cubes de bœuf à mijoter

2 oignons moyens en lanières

15 ml (1 c. à soupe) de gingembre local haché

10 ml (2 c. à thé) d'**herbes salées** (page 111)

Poivre, au goût

750 ml (3 tasses) de bouillon

250 ml (1 tasse) de **rondelles** (1 ou 2) **de kale** (page 76)

500 ml (2 tasses) de tronçons de **rhubarbe congelée**

Préparation

1. Dans une grande casserole, à feu moyen-vif, chauffer 30 ml (2 c. à soupe) d'huile et y colorer les cubes de bœuf de tous les côtés. Réserver dans une assiette. Procéder en plusieurs fois au besoin.
2. Dans la même casserole, ajouter le reste de l'huile et faire revenir les oignons 2 ou 3 minutes. Ajouter le gingembre, les herbes salées et le poivre.
3. Déglacer avec le bouillon, puis remettre le bœuf dans la casserole. Réduire le feu, couvrir et laisser mijoter 1 heure 15 minutes.
4. Incorporer le kale et la rhubarbe. Laisser mijoter à découvert 20 minutes de plus ou jusqu'à ce que le bœuf soit tendre et que la rhubarbe soit presque entièrement compotée.
5. Goûter et rectifier l'assaisonnement, au besoin. Servir sur une purée de légumes-racines.

MINESTRONE

Voilà un grand classique d'inspiration italienne qui réussit toujours à réchauffer corps et âme !

DONNE 6 portions

Ingrédients

60 ml (¼ tasse) d'huile de tournesol

1 oignon moyen haché

2 grosses gousses d'ail hachées

1 grosse carotte en dés

30 ml (2 c. à soupe) de **céleri séché**, réhydraté dans l'eau

1 petite branche de **romarin séché**

500 ml (2 tasses) de **poireau émincé congelé**

500 ml (2 tasses) de légumineuses locales cuites (pois jaunes, haricots blancs, haricots romains)

1 litre (4 tasses) de **sauce tomate** (page 80) (ou moitié sauce + moitié tomates en dés)

1 litre (4 tasses) d'eau (ou de bouillon)

2 **rondelles de kale** (page 76) (ou 250 ml / 1 tasse de chou vert ou nappa, émincé)

125 ml (½ tasse) de **pesto de basilic** (page 48), divisé

15 ml (1 c. à soupe) d'**herbes salées** (page 111)

Poivre, au goût

Préparation

1. Dans une grande casserole, à feu moyen-vif, chauffer l'huile et y faire revenir l'oignon, l'ail, la carotte, le céleri et le romarin environ 5 minutes.
2. Ajouter le poireau et cuire environ 3 minutes.
3. Ajouter les légumineuses, la sauce tomate, l'eau, le kale, la moitié du pesto, les herbes salées et le poivre. Bien mélanger.
4. Porter à ébullition, réduire le feu et laisser mijoter 40 minutes.
5. Au moment de servir, garnir chaque portion de 10 ml (2 c. à thé) environ de pesto supplémentaire, de croûtons à la sauge (voir ci-dessous) et de boulettes à la courgette (page 142), si désiré.

Croûtons à la sauge

Dans un plat à cuisson, mélanger 500 ml (2 tasses) de cubes de pain rassis avec 30 ml (2 c. à soupe) de beurre de sauge (page 66) fondu et 5 ml de fleur de sel. Cuire 15 minutes à 190 °C (375 °F) en remuant à mi-cuisson.

CHILI

Réconfortant, nourrissant et *locavorisé*, ce chili fait un clin d'œil aux trois sœurs que plusieurs peuples des Premières Nations cultivaient ensemble : courge, maïs et haricots. Un trio harmonieux au champ comme en bouche !

DONNE ENVIRON 2 litres (8 tasses)

Ingrédients

30 ml (2 c. à soupe) d'huile de tournesol

1 oignon haché

1 bloc de 454 g de tofu bio émietté

4 gousses d'ail hachées

15 ml (1 c. à soupe) de sirop de bouleau (facultatif)

250 ml (1 tasse) de **salsa** (page 95)

45 ml (3 c. à soupe) de sirop d'érable

10 ml (2 c. à thé) d'**origan séché**

Sel, poivre, au goût

Piment fort séché, au goût

1 litre (4 tasses) de **sauce tomate** (page 80)

250 ml (1 tasse) de **purée de citrouille congelée**

500 ml (2 tasses) de haricots rouges ou noirs cuits

500 ml (2 tasses) de **maïs congelé**

30 ml (2 c. à soupe) de **pesto de coriandre** (page 48)

Préparation

1. Dans une grande casserole, à feu moyen-vif, chauffer l'huile et y faire revenir l'oignon 3 ou 4 minutes.
2. Incorporer le tofu et l'ail. Ajouter le sirop de bouleau, la salsa, le sirop d'érable et l'origan. Assaisonner de sel, de poivre et de piment séché, au goût, et bien mélanger. Cuire 1 minute.
3. Verser la sauce tomate et la purée de citrouille, et mélanger. Porter à ébullition, réduire le feu, couvrir et laisser mijoter de 35 à 45 minutes (selon la texture de la sauce tomate et celle que l'on préfère pour le chili).
4. Ajouter les haricots, le maïs et le pesto de coriandre. Mélanger et cuire 5 minutes.
5. Goûter, rectifier l'assaisonnement, au besoin, et servir.

Précieuses légumineuses

Les légumineuses sèches sont économiques et plusieurs variétés sont offertes par les fermiers locaux. Avant de les cuire, il faut faire tremper les haricots et les pois jaunes (les lentilles n'ont pas besoin de trempage, mais il faut bien les rincer avant de les cuire).

Trempage long : rincer les légumineuses et les déposer dans un grand bol. Recouvrir d'eau froide (l'eau doit dépasser d'au moins 10 cm / 4 po) et laisser tremper de 8 à 10 heures ou toute la nuit. Égoutter et jeter l'eau de trempage.

Trempage rapide : rincer les légumineuses et les déposer dans une grande casserole. Recouvrir d'eau froide (l'eau doit dépasser d'au moins 10 cm / 4 po), porter à ébullition et laisser bouillir 2 minutes. Fermer le feu et laisser reposer 1 heure. Égoutter et jeter l'eau de trempage.

Cuisson : Mettre les légumineuses dans une grande casserole et les recouvrir d'eau. Porter à ébullition, réduire le feu et laisser mijoter de 15 à 40 minutes pour les lentilles, selon les types, et de 1 à 2 heures pour les pois et haricots, selon la variété, jusqu'à ce qu'ils soient tendres.

Une fois que les légumineuses sont cuites, vous pouvez les congeler ou les ajouter, entre autres, aux soupes, aux salades, au chili (page 149) et aux trempettes (page 161). Utilisez aussi les pois et les lentilles bio des fermiers locaux pour faire vos germinations (page 145).

GÂTEAU STYLE POUDING CHÔMEUR À LA SALADE DE FRUITS

Moelleux et gourmand à souhait, ce gâteau terminera en beauté un repas post-plein air hivernal !

DONNE 12 à 16 portions (selon la gourmandise !)

Ingrédients

1 pot de 500 ml (2 tasses) de **salade de fruits** (page 94)

250 ml (1 tasse) de farine tout usage non blanchie

125 ml (½ tasse) de farine de blé intégral

5 ml (1 c. à thé) de bicarbonate de soude

5 ml (1 c. à thé) de poudre à pâte

1 ml (¼ c. à thé) de sel

375 ml (1 ½ tasse) de sirop d'érable, divisé

175 ml (¾ tasse) de crème 35 %

60 ml (¼ tasse) de beurre

2 œufs

Préparation

1. Préchauffer le four à 180 °C (350 °F). Placer une première grille au centre du four et une seconde en dessous. Beurrer un moule carré de 20 cm (8 po).
2. Égoutter la salade de fruits en réservant séparément le jus et les fruits.
3. Dans un grand bol, mélanger les farines avec le bicarbonate de soude, la poudre à pâte et le sel. Réserver.
4. Dans une casserole, mettre 125 ml (½ tasse) de jus de la salade de fruits réservé, 175 ml (¾ tasse) de sirop d'érable et la crème. Porter à ébullition, laisser bouillir 2 minutes, puis retirer du feu. Ajouter le beurre et fouetter pour le faire fondre dans la sauce. Réserver.
5. Dans un grand bol, battre les œufs avec le reste du sirop d'érable. Ajouter les fruits et mélanger à la spatule.
6. Ajouter en alternance les ingrédients secs et le reste du jus de fruits, en mélangeant la pâte à la spatule entre les ajouts.
7. Transvider la pâte dans le moule préparé. Verser la sauce réservée sur le dessus.
8. Déposer le moule sur la grille du centre et placer une plaque de cuisson sur la grille du dessous (au cas où la sauce déborderait). Cuire 45 minutes ou jusqu'à ce que le centre soit cuit. Servir chaud ou froid.

Variante

Vous pouvez préparer la même recette avec les poires en pots (page 113) coupées en dés.

Note

Si vous aimez ce genre de dessert quand il baigne littéralement dans la crème à l'érable, juste avant de servir, faites chauffer un peu de crème avec du sirop d'érable et nappez-en votre portion. C'est aussi un bon truc pour donner un second souffle au gâteau s'il vous en reste encore (bonne chance !) après quelques jours.

Soirée pizza

TOUT LE MONDE AIME LA PIZZA ! EN PLUS, C'EST UN METS TOUT INDIQUÉ POUR METTRE EN VALEUR PLEIN DE PRODUITS QUE VOUS AUREZ PRIS SOIN DE CONSERVER PENDANT LA SAISON D'ABONDANCE. PRÉPAREZ OU ACHETEZ UNE PÂTE À PIZZA ET CHOISISSEZ LA COMBINAISON QUI VOUS INSPIRE. IL NE VOUS RESTERA PLUS ENSUITE QU'À CHOISIR UN FROMAGE FERMIER D'UN ARTISAN QUE VOUS AIMEZ, ET VOILÀ !

« LOCAVORISEZ » VOS PIZZAS D'HIVER

Si la pâte à pizza est votre toile, vous avez, entre les ingrédients locaux disponibles à l'année et vos provisions, de quoi sortir l'artiste en vous pour créer de savoureuses œuvres éphémères dans votre cuisine. À go, créez !

PIZZAS	SAUCES	GARNITURES	FACULTATIF
Classique	Sauce à pizza (sauce tomate réduite, page 80)	Fromage + origan séché	Tomates séchées en lanières
Légumes marinés	Sauce à pizza (sauce tomate réduite, page 80) ou coulis de poivron rouge (page 93)	Fromage + giardiniera hachée grossièrement (page 114)	Boulettes à la dinde et aux courgettes cuites, en morceaux (page 142).
Aux fruits de mer	Béchamel au pesto de fleur d'ail (page 48)	Crevettes nordiques + fromage	Autres fruits de mer locaux
Ligurienne	Pesto de basilic (page 48)	Poires (page 113) tranchées finement + fromage	Jambon sec artisanal + oignon rouge en fines lanières
Alsacienne	Purée de citrouille	Choucroute (page 105) + fromage	Morceaux de bacon
Sicilienne	Compote d'aubergine (page 111) mélangée si désiré avec un peu de sauce tomate	Ricotta maison (page 164) et autre fromage	Giardiniera hachée grossièrement (page 114)
Libanaise		Bœuf haché + un peu de coulis de poivron rouge (page 93) + oignon + ail	
Mexicaine	Salsa (page 95)	Maïs congelé + oignons verts séchés réhydratés + fromage	Haricots noirs cuits, oignon rouge en fines lanières, poivrons congelés en lanières

Cuisson : Préchauffer le four à 230 °C (450 °F) et y placer une plaque de cuisson à l'envers (ou une pierre à pizza). Chauffer la plaque de 5 à 10 minutes (jusqu'à 45 minutes pour la pierre). Étaler la pâte à pizza, la déposer sur un carré de papier parchemin et garnir. Transférer sur la plaque (ou la pierre) et cuire au four quelques minutes en surveillant. La durée de cuisson varie en fonction de l'épaisseur de la croûte et de la quantité de garniture qui s'y trouve.

Variante fougasse (focaccia)

Préchauffez le four à 230 °C (450 °F). Étalez la pâte à pizza sur une plaque à pâtisserie sur laquelle vous aurez versé 125 ml (1/2 tasse) d'huile de tournesol. Parsemez de votre romarin séché, d'ail haché, de fleur de sel et de poivre. Ajoutez, si désiré, d'autres aromates (chapelure de graines de citrouille, tomates séchées émincées, etc.) et faites cuire environ 25 minutes ou jusqu'à ce que la croûte soit bien dorée.

SALADES D'HIVER

Ce ne sont pas les idées qui manquent pour accompagner vos pizzas de salades à saveurs locales, même l'hiver ! Misez sur les légumes de conservation, agrémentez-les en pigeant dans vos provisions et concoctez des vinaigrettes avec les liquides récupérés dans vos conserves et vos fermentations maison.

LA BASE	LA SAUCE	FACULTATIF
Céleri-rave râpé	Mayonnaise maison (voir ci-dessous) avec un peu de moutarde, de choucroute (page 105) et d'herbes salées (page 111)	Câpres de boutons de marguerites marinés ou cornichons à l'aneth hachés ou relish
Pommes de terre cuites, en dés		
Feuilles d'endives et poires en conserve (page 113) tranchées	Vinaigrette de base (voir ci-dessous) (avec le sirop de la conserve de poire, page 113)	Fromage bleu fermier du Québec
Betteraves cuites en cubes, pommes en cubes, 60 ml (¼ tasse) de framboises en conserve (page 67)	Vinaigrette de base (voir ci-dessous) (avec le sirop d'une conserve de framboises, page 166)	Féta fermier du Québec, germinations au choix (page 145)
Carottes râpées (ou un mélange de carottes râpées et de courges crues râpées)	*Crémeuse :* mayonnaise maison (voir ci-dessous), mélangée si désirée à du yogourt nature *Traditionnelle :* vinaigrette de base (voir ci-dessous), en doublant l'acidité ou en ajoutant de la choucroute (page 105), si désiré. *Asiatique :* traditionnelle avec kimchi (page 115)	Canneberges ou bleuets séchés, graines de tournesol, pesto de coriandre (page 48)
Chou vert ou rouge et carottes râpés		Pomme râpée
Radicchio et courge rôtie avec un peu d'huile et de miel	Salsa (page 95) allongée avec un peu de vinaigrette de base (voir ci-dessous)	Germinations au choix (page 145). On peut la servir sur un couscous fait de chou-fleur congelé (réduit en semoule au robot, page 183)

Vinaigrette de base : Dans une tasse à mesurer, fouetter 10 ml (2 c. à thé) de moutarde forte avec 5 ml (1 c. à thé) de miel ou de sirop d'érable (ou 15 ml [1 c. à soupe] de sirop d'une conserve de fruits, voir page 166), un peu de sel (ou d'herbes salées) et du poivre. Ajouter 30 ml (2 c. à soupe) de vinaigre de cidre (ou le liquide d'une marinade ou d'une lactofermentation) et fouetter de nouveau. Verser 60 ml (¼ tasse) d'huile locale au choix (tournesol, cameline, chanvre) lentement, en mince filet, en fouettant constamment pour former une belle émulsion.

Mayonnaise maison : Dans un bol, fouetter 1 jaune d'œuf avec 15 ml (1 c. à soupe) de vinaigre de cidre, 15 ml (1 c. à soupe) de moutarde et 2,5 ml (½ c. à thé) de sel. Ajouter 250 ml (1 tasse) d'huile de tournesol et/ou de cameline lentement, en mince filet, en fouettant constamment jusqu'à l'obtention d'une texture de mayonnaise.

Février

En février, on parle d'amour ! Quoi de mieux que de démontrer son amour aux agriculteurs de proximité en cuisinant leurs produits pour ceux qu'on aime ? Toutes les raisons sont bonnes pour savourer un moment précieux en amoureux autour d'un bon repas et pour se réunir en famille ou entre amis, que ce soit devant un match de hockey ou pour un thé d'après-midi. On fait un petit rattrapage jasette autour d'un verre ou d'une boisson chaude bien réconfortante et de pâtisseries confectionnées avec nos belles provisions locales. Ce mois-ci, on cultive l'amour envers tous ceux qu'on aime… Et pourquoi ne pas cultiver aussi un peu de verdure dans sa cuisine ?

MISSION DU MOIS

FAIRE DES POUSSES DANS SA CUISINE

Si les germinations apportent du croquant et une belle fraîcheur au menu, les pousses, elles, sont championnes pour ajouter du vert aux assiettes d'hiver. C'est en quelque sorte une version hivernale du bac à fines herbes qu'on aime avoir à portée de main sur le balcon durant l'été. Il existe plusieurs méthodes pour obtenir des jeunes pousses de blé, de tournesol, de radis, de moutarde, de sarrasin, de maïs et d'autres végétaux. Voici une façon simple de procéder :

1. Faire d'abord tremper les graines environ 8 heures ou une nuit, puis égoutter. (Pour les toutes petites semences comme celles de betterave par exemple, ce n'est pas nécessaire.)
2. Remplir un plateau d'environ 2,5 cm (1 po) de terreau et le vaporiser généreusement d'eau fraîche pour qu'il soit bien humide. Égaliser la surface. Parsemer le terreau des graines sans qu'elles se chevauchent. Couvrir le tout d'un second plateau. Laisser les jeunes pousses se développer à l'abri de la lumière pendant les 2 à 4 premiers jours, en arrosant d'eau fraîche au vaporisateur chaque jour.
3. Lorsque les jeunes pousses atteignent de 3 à 5 cm (1 ¼ à 2 po), retirer le second plateau et laisser les pousses profiter de la lumière jusqu'à ce qu'elles arborent deux petites feuilles bien vertes et appétissantes. On les récolte aux ciseaux, tout simplement. On s'assure de bien les laver avant de les manger, bien fraîches ! (Pour plus d'information, consultez la section « Références et outils » à la page 188.)

Vous aimez l'idée, mais vous n'êtes pas certain d'être prêt à vous lancer ? Laissez cette tâche à certains agriculteurs qui font des micropousses une de leurs spécialités !

Faire trempette

ACCOMPAGNEMENT INDÉMODABLE DES CRUDITÉS, LES TREMPETTES S'INSÈRENT AU MENU DE BIEN D'AUTRES FAÇONS. VOICI QUELQUES IDÉES POUR «LOCAVORISER» DES CLASSIQUES, QUE VOUS POURREZ ÉVIDEMMENT ACCOMPAGNER DE LÉGUMES DE SAISON, MAIS AUSSI TARTINER DANS DES SANDWICHS, UTILISER SUR DES CANAPÉS (PAGE 141) OU AJOUTER À DES BOLS REPAS (PAGE 183). IDÉALES POUR RENOUVELER LES IDÉES DE BOÎTES À LUNCH AINSI QUE POUR ACCOMPAGNER VOS MATCHS PRÉFÉRÉS DE FÉVRIER, DU SUPERBOWL AUX SOIRÉES DE HOCKEY. GAGEONS QU'ELLES SAURONT RIVALISER AVEC LE BOL DE CROUSTILLES !

HOUMOUS

La base d'un houmous traditionnel est constituée de pois chiches, de beurre de sésame et de jus de citron. Si on troque le chiche pour le jaune d'une ferme du Québec, le sésame pour le tournesol, il ne reste qu'à choisir une touche d'acidité locale pour obtenir un houmous bien de chez nous. Pourquoi ne pas mettre à profit votre choucroute maison (page 105) ?

DONNE ENVIRON 500 ml (2 tasses)

Ingrédients

500 ml (2 tasses) de pois jaunes cuits (voir l'encadré sur les légumineuses, page 150)

125 ml (½ tasse) de graines de tournesol (crues ou rôties)

125 ml (½ tasse) de **choucroute** tassée (page 105)

2 gousses d'ail

60 ml (¼ tasse) d'huile de tournesol

125 ml (½ tasse) d'eau (ou plus selon la texture désirée)

5 ml (1 c. à thé) de sel (ou au goût)

1 ml (¼ c. à thé) de piment gorria (ou autre piment local, au goût)

Préparation

1. Mélanger tous les ingrédients au robot jusqu'à l'obtention de la texture désirée.

Variantes

Style baba ghanouj : 125 ml (1/2 tasse) de houmous + 250 ml (1 tasse) de compote d'aubergine (page 111).

Au poivron rouge : 250 ml (1 tasse) de houmous + 250 ml (1 tasse) de coulis de poivron rouge (page 93).

À la courge : 250 ml (1 tasse) de houmous + 250 ml (1 tasse) de purée de citrouille + 125 ml (½ tasse) de chutney de citrouille (page 132).

BROCAMOLE ET TZATZIKI

Dans l'univers des trempettes, le guacamole et le tzatziki sont des classiques que vous pouvez adapter en vous inspirant de vos provisions de saveurs locales. Voici quelques idées :

1. Brocamole : mélanger au robot 125 ml (½ tasse) de houmous + 500 ml (2 tasses) de brocoli congelé blanchi 2 minutes à l'eau bouillante salée puis immédiatement refroidi + 60 ml (¼ tasse) de yogourt nature + 30 ml (2 c. à soupe) de pesto de coriandre (page 48) + sel, au goût.
2. Tzatziki d'hiver : mélanger dans un bol 310 ml (1 ¼ tasse) de yogourt fermier nature égoutté de 2 à 3 heures au moins (ou tout une nuit) dans une passoire recouverte d'une étamine (« coton à fromage ») ou de yogourt grec + 1 gousse d'ail hachée + 15 ml (1 c. à soupe) de pesto de menthe (page 48) + 250 ml (1 tasse) de courgettes râpées congelées (page 45) pressées pour en retirer un maximum d'eau + sel, au goût.

2
4
8
5
11
7

Afternoon tea

FÉVRIER EST UN MOIS TOUT INDIQUÉ POUR LES SPORTS DE PLEIN AIR ET POUR… LE CONFORT, LA CHALEUR ET LES PETITES DOUCEURS. VOICI QUELQUES SUGGESTIONS POUR PROFITER DE VOS PROVISIONS ET ORGANISER UN *AFTERNOON TEA* OU UNE SOIRÉE EN BONNE COMPAGNIE.

1. Gâteau à la salade de fruits (page 153) coupé à l'emporte-pièce et présenté en pots Mason ; **2.** Tartelettes aux baies d'été (page 165) ; **3.** Biscuits sablés de base (retaille des tartelettes, page 165) ; **4.** Scones aux fruits séchés (page 167) ; **5.** Beurre aromatisé à la poire et au miel (page 167) ; **6.** Compotes d'été ou confitures maison ; **7.** Tarte bourdaloue (page 164) ; **8.** Petits sandwichs : Truite fumée et ricotta aux herbes salées (page 164), Carottes marinées express au gingembre (page 164) et brocamole (page 161), **9.** Mini-croustades en pots Mason (page 166) ; **10.** Tisanes maison (page 139) ; **11.** Verres de cidre ou de vin mousseux du Québec.

TARTE BOURDALOUE

Adaptation locale d'un classique français traditionnellement aux amandes, cette tarte prouve hors de tout doute que dans les recettes les plus simples se cachent les véritables délices !

DONNE 8 portions

Ingrédients

1 abaisse de pâte brisée

125 ml (½ tasse) de beurre ramolli

125 ml (½ tasse) de sucre d'érable

125 ml (½ tasse) de graines de tournesol moulues

2 œufs

1 ml (¼ c. à thé) de sel

1 pot de **poires dans le sirop au miel** (page 113)

Préparation

1. Préchauffer le four à 180 °C (350 °F).
2. Abaisser la pâte et la déposer dans une assiette à tarte de 23 cm (9 po). Piquer le fond à l'aide d'une fourchette.
3. Dans un bol, à l'aide du batteur électrique, mélanger le beurre, le sucre d'érable, les graines de tournesol moulues, les œufs et le sel. Verser la préparation dans la tarte.
4. Trancher les demi-poires en lanières et les déposer en étoile sur la garniture (voir la photo), en les enfonçant légèrement.
5. Cuire au four environ 35 minutes ou jusqu'à ce que la garniture soit bien colorée et raffermie. Laisser tempérer avant de servir.

PETITS SANDWICHS

1. Version truite fumée et ricotta aux herbes salées

Voici comment faire du fromage frais de type **ricotta maison** : verser 1 litre (4 tasses) de lait entier dans une casserole, ajouter 45 ml (3 c. à soupe) de vinaigre de cidre et chauffer jusqu'aux premiers frémissements (quand le lait est juste sur le point de bouillir à environ 85 °C [185 °F]). Retirer du feu et laisser reposer sans remuer 15 minutes ou jusqu'à la formation de caillots. Filtrer le lait caillé dans une passoire posée sur un bol et recouverte d'une étamine (« coton à fromage »), et laisser égoutter à température ambiante environ 30 minutes. Placer au réfrigérateur et laisser égoutter au moins 2 heures (plus on égoutte longtemps, plus la ricotta sera ferme). Ajouter des herbes salées (page 111), au goût. On peut utiliser le petit lait recueilli dans le bol comme liquide pour les recettes de crêpes, de muffins et autres desserts maison.

2. Version carottes marinées express au gingembre et au brocamole (page 161)

Pour faire des carottes marinées, faire des rubans de carotte à l'aide d'un économe et les déposer dans un pot de verre de 500 ml (2 tasses). Dans une petite casserole, mélanger 125 ml (½ tasse) de vinaigre de cidre, 125 ml (½ tasse) d'eau, 30 ml (2 c. à soupe) de miel, 5 ml (1 c. à thé) de gingembre haché et du sel. Porter à ébullition et retirer du feu. Verser le liquide chaud sur les carottes et laisser mariner au réfrigérateur 24 heures. Ces carottes marinées sont un bel ajout à n'importe quel sandwich ou aux salades d'hiver (page 157).

TARTELETTES AUX BAIES D'ÉTÉ

Dans cette recette, les couvercles de pots Mason se transforment en moules à tartelettes à fonds amovibles. Vive les équipements multifonctions !

DONNE 12 tartelettes (et quelques petits biscuits avec les retailles)

Ingrédients

1 recette de pâte à biscuits (page 138)

1 recette de garniture à tarte bourdaloue (sans les poires) (page 164)

2,5 ml (½ c. à thé) de gingembre du Québec haché finement

250 ml (1 tasse) de **bleuets ou d'amélanches congelés**

Préparation

1. Préchauffer le four à 180 °C (350 °F). Beurrer 12 moules à tartelettes (bagues et couvercles de pots Mason) et les déposer sur une plaque de cuisson.
2. Sur une surface farinée, abaisser la pâte à biscuits jusqu'à environ 3 mm (⅛ po) d'épaisseur.
3. Tailler des morceaux de pâte un peu plus grands que les moules. Foncer la pâte délicatement dans chaque moule en coupant ce qui dépasse (la pâte tend à céder naturellement à la hauteur de la bague). Récupérer les retailles et former une boule de manière à pouvoir répéter les étapes 2 et 3 pour foncer 12 moules.
4. Dans un bol, mélanger la garniture à tarte bourdaloue et le gingembre.
5. Répartir la préparation dans les 12 moules à tartelettes.
6. Répartir ensuite les petits fruits sur la garniture, en pressant très légèrement.
7. Cuire au four de 20 à 25 minutes en surveillant, jusqu'à ce que la garniture soit bien dorée.

Notes

Délicieuses froides, les tartelettes sont tout simplement exquises encore tièdes.

Utilisez les retailles de pâte pour faire des biscuits en suivant les instructions de la page 138.

MINI-CROUSTADES AUX FRAMBOISES

Après avoir utilisé les couvercles de pots Mason en moules à tartelettes à la page précédente, voici une recette (qui goûte l'été !) qui transforme les pots en jolis ramequins !

DONNE 6 ramequins

Ingrédients

1 pot de 500 ml (2 tasses) de **framboises dans le sirop d'érable** (page 67)

60 ml (¼ tasse) du liquide du pot de framboises, divisé

30 ml (2 c. à soupe) de beurre fondu

30 ml (2 c. à soupe) de sirop d'érable

30 ml (2 c. à soupe) de farine de blé intégral

160 ml (⅔ tasse) de gros flocons d'avoine

Une pincée de sel

Préparation

1. Préchauffer le four à 180 °C (350 °F).
2. Répartir les framboises dans 6 pots Mason de 125 ml (½ tasse) chacun. Ajouter dans chaque pot 10 ml (2 c. à thé) du jus du pot de framboises.
3. Dans un bol, mélanger tous les autres ingrédients. Répartir ce mélange dans les pots, sans presser.
4. Cuire au four de 25 à 30 minutes, jusqu'à ce que la garniture soit dorée.

Variantes

Vous pouvez faire la même recette avec des bleuets ou des poires en pots, coupées en dés. Vous pouvez aussi déposer 45 ml (3 c. à soupe) de petits fruits congelés dans chaque pot en les enrobant de 15 ml (1 c. à soupe) de sirop d'érable, ou encore la jouer croustade classique avec des pommes en dés.

Note

La framboise prend du volume à la cuisson et laisse une trace sur le pot Mason lorsque le dessert refroidit. Pour une présentation soignée, il suffit ensuite de passer un linge humide sur la trace.

Faites honneur aux sirops !

Surtout, ne jetez pas le liquide de vos conserves de fruits ! Faites-le tout simplement réduire de moitié pour en concentrer les saveurs sous forme de sirops de bleuets, de framboises ou de poire parfaits pour parfumer le yogourt nature, garnir des crêpes ou des pains dorés, préparer des vinaigrettes (page 157) et créer de jolis cocktails. Une autre idée : faites réduire ce qu'il reste de coulis aux bleuets de votre conserve avec 125 ml (½ tasse) de vin rouge et 125 ml (½ tasse) de fond (de volaille, de veau, etc.), un brin de romarin et quelques baies de genièvre. Ajoutez ensuite un morceau de beurre et nappez une belle pièce de cerf ou de bison de cette succulente sauce.

SCONES AUX FRUITS SÉCHÉS

Tout simplement parce que le scone est un classique des classiques de l'*afternoon tea*, et une bien savoureuse façon d'utiliser vos fruits séchés !

DONNE 8 scones

Ingrédients

375 ml (1 ½ tasse) de farine tout usage non blanchie

80 ml (⅓ tasse) d'une autre farine locale au choix (avoine nue, seigle, épeautre, sarrasin)

20 ml (4 c. à thé) de poudre à pâte

20 ml (4 c. à thé) de sucre d'érable

1 ml (¼ c. à thé) de sel

90 ml (6 c. à soupe / 85 g) de beurre froid en cubes

45 ml (3 c. à soupe) de **raisins secs** (ou autre fruit séché)

1 œuf

125 ml (½ tasse) de lait

Préparation

1. Préchauffer le four à 220 °C (425 °F). Tapisser une plaque d'un tapis de cuisson.
2. Au robot culinaire, mélanger les farines, la poudre à pâte, le sucre d'érable et le sel.
3. Ajouter le beurre froid et pulser 7 ou 8 fois, sans plus. La texture devrait être celle d'un sable grossier. Transférer le mélange dans un grand bol et incorporer les raisins secs.
4. Dans un petit bol, fouetter l'œuf et le lait. Réserver 10 ml (2 c. à thé) dans un ramequin. Verser le reste dans les ingrédients secs et mélanger à la fourchette. Lorsque cela devient difficile, poursuivre en utilisant les mains.
5. Transférer la pâte sur une surface enfarinée et pétrir 2 ou 3 fois pour bien amalgamer le tout, sans plus. Façonner une grande galette d'environ 2 cm (1 po) d'épaisseur.
6. Tailler les scones à l'aide d'un emporte-pièce de 5 cm (2 po) et les déposer sur la plaque. Badigeonner avec le mélange œuf-lait réservé.
7. Cuire au four environ 15 minutes, ou jusqu'à ce que les scones aient bien levé et qu'ils soient dorés.

Note

Les scones tièdes, tartinés de beurre et de confiture, sont un régal. Essayez ce beurre aromatisé à la **poire et au miel** : fouetter 60 ml (¼ tasse) de sirop de poire au miel (le sirop du pot ouvert pour la bourdaloue, réduit de moitié) avec 125 ml (½ tasse) de beurre ramolli. Également délicieux sur les rôties ou les crêpes !

Mars

En mars, l'hiver est encore bien en place. Il y aura bien sûr encore des tempêtes de neige, mais, tranquillement, on peut observer quelques premiers signes de printemps. Les journées allongent peu à peu. La sève sucrée des érables circule dans les arbres lorsque les journées commencent à réchauffer et que les nuits restent sous zéro : ça sent la cabane et les traditionnelles parties de sucre ! Depuis quelques semaines, des fêtes des semences ont commencé à se déployer dans différentes municipalités et se poursuivent en mars. Elles vous permettront de rencontrer des semenciers artisans d'ici, qui se feront un plaisir de vous parler de leurs variétés, de leurs histoires et de leurs spécificités, en plus de répondre à vos questions. Vous n'aurez plus qu'une envie : démarrer vos semis !

MISSION DU MOIS

SE PRÉPARER À DÉMARRER UN SEMIS

En mars, l'idée est toute simple : choisissez les semences que vous aimeriez faire pousser et rassemblez le nécessaire pour démarrer des semis. Bien qu'il existe différentes façons de procéder, selon les semences et l'équipement dont on dispose, voici quelques grandes lignes pour semer en vous l'envie d'en apprendre plus et d'essayer !

Les dates auxquelles partir les semis varient de mars à la fin avril, selon les variétés et en fonction de la date de plantation idéale dans chaque région. Vous trouverez ces précisions sur le sachet de semences ou sur le site du semencier. (Pour plus d'information, consultez la section « Références et outils » à la page 188.)

Pour démarrer vos semis, il vous faut des pots, un plateau pour y déposer les pots (ainsi pas de dégâts lors de l'arrosage !), un dôme assorti au plateau pour créer une mini-serre, du terreau et les semences. On peut bien sûr acheter certains éléments et en récupérer d'autres ; vous pouvez, par exemple, remplir des boîtes d'œufs de terreau humidifié pour accueillir vos semences, que vous placerez à une profondeur d'environ trois fois la taille de la graine. Après avoir placé vos semences, recouvrez-les de terreau. Vaporisez-les d'eau pour « tasser » la terre, puis couvrez le plateau avec le dôme et déposez-le dans un endroit éclairé, sans être au soleil direct.

Arrosez le terreau lorsqu'il est sec et retirez le dôme quand les jeunes pousses ont émergé (ou deux premières feuilles épanouies dans le cas des tomates, par exemple). Placez alors le plateau dans l'endroit le plus lumineux dont vous disposez et arrosez quand la terre est sèche. Notez que certains semis auront besoin d'être repiqués dans un pot plus grand en cours de croissance. Quel plaisir de prendre soin de ces pousses et d'apprendre à connaître nos aliments de la semence à l'assiette !

2
4
1
3

L'heure du brunch

ÊTES-VOUS DU TYPE BRUNCH SUCRÉ ? SALÉ ? SUCRÉ-SALÉ ? BRUNCH POUR SOUPER (POURQUOI PAS, DES FOIS) ? QUELLES QUE SOIENT VOS PRÉFÉRENCES, VOUS AVEZ DANS VOS PROVISIONS DE QUOI VOUS INSPIRER UNE GRANDE VARIÉTÉ DE BRUNCHS POUR TOUS LES GOÛTS. EN MARS, IL Y A BIEN SÛR LES CLASSIQUES REPAS DE CABANES À SUCRE BIEN COPIEUX ET QUI FONT LA BELLE PART À L'ÉRABLE, MAIS POUR VARIER, VOICI QUELQUES IDÉES QUI VOUS PERMETTRONT DE VOUS RASSEMBLER AUTOUR D'UNE RAFRAÎCHISSANTE TABLÉE INSPIRÉE DES RÉCOLTES DE L'ÉTÉ PASSÉ !

1. Shakshuka (page 172) ; **2.** Cake aux courgettes (page 173) ; **3.** Smoothie aux fruits locaux congelés (page 184) ; **4.** Salade de fruits (page 94) ; **5.** Tartinade de tomates « rougies » (page 131) ; **6.** Verrines de yogourt, framboises dans le sirop (page 67) et granola (page 139) ; **7.** Cake aux courgettes façon pain doré (page 173) avec bleuets dans le coulis (page 67) ; **8.** Crêpe aux œufs et au fromage avec salsa (page 95).

SHAKSHUKA

Voilà un plats aux couleurs réjouissantes, à partager à toute heure de la journée. Dénichez-vous une belle miche de pain croûté chez votre artisan boulanger préféré et savourez !

DONNE 4 portions

Ingrédients

45 ml (3 c. soupe) d'huile de tournesol

1 oignon tranché en lanières

250 à 500 ml (1 à 2 tasses) de lanières de **poivrons congelés** (rouges, orange ou jaunes)

2 gousses d'ail hachées

Sel et poivre

Une pincée de piment fort séché, ou au goût

250 ml (1 tasse) de **compote d'aubergine** (page 111)

1 litre (4 tasses) de **sauce tomate** (page 80)

4 à 8 gros œufs fermiers

Pour le service : féta, pousses, pain croûté (facultatif)

Préparation

1. Dans une grande poêle, à feu moyen-vif, chauffer l'huile et faire revenir l'oignon et les poivrons 3 ou 4 minutes.
2. Ajouter l'ail, du sel, du poivre et une pincée de piment fort séché. Mélanger et laisser cuire jusqu'à ce que les légumes soient tendres.
3. Ajouter la compote d'aubergine et la sauce tomate, remuer et porter à ébullition.
4. À l'aide d'une cuillère, creuser des petits trous dans la sauce et casser un œuf par trou.
5. Lorsque les œufs commencent à cuire, couvrir la poêle et poursuivre la cuisson à feu doux jusqu'à ce que les blancs d'œufs soient cuits mais que les jaunes soient encore coulants.
6. Pour servir, garnir de féta et de pousses, et accompagner de pain croûté frais, si désiré.

Note

Vous n'avez pas eu le temps de congeler des lanières de poivrons et de la compote d'aubergine (ou vous avez déjà fini vos provisions) ? Ne vous privez pas de shakshuka pour autant. Des œufs dans la sauce tomate, ça marche en soi !

CAKE AUX COURGETTES

Bien sûr, on peut cuisiner ce cake à volonté en plein été, mais comme vous avez eu la bonne idée de congeler de la délicieuse courgette râpée, vous voici prêt à faire des heureux à l'année avec ce cake moelleux à souhait !

DONNE 10-12 portions

Ingrédients

250 ml (1 tasse) de farine tout usage non blanchie

125 ml (½ tasse) de farine de blé intégrale

5 ml (1 c. à thé) de bicarbonate de soude

5 ml (1 c. à thé) de poudre à pâte

1 ml (¼ c. à thé) de sel

60 ml (¼ tasse) de **fruits séchés** hachés (page 91) ou de **chapelure de graines de citrouille** (page 133) (facultatif)

125 ml (½ tasse) de beurre ramolli

250 ml (1 tasse) de sirop d'érable

2 œufs

500 ml (2 tasses) de **courgettes râpées congelées**, pressées pour enlever l'excès d'eau

Préparation

1. Préchauffer le four à 180 °C (350 °F). Beurrer un moule à pain de 13 cm x 23 cm (5 po x 9 po).
2. Dans un petit bol, mélanger les farines, le bicarbonate, la poudre à pâte et le sel. Si désiré, incorporer des fruits séchés ou de la chapelure de graines de citrouille.
3. Dans un grand bol, fouetter ensemble le beurre et le sirop d'érable. Ajouter les œufs et fouetter de nouveau jusqu'à ce que le mélange devienne léger.
4. Incorporer les courgettes à l'aide d'une spatule. Ajouter les ingrédients secs et mélanger avec la spatule. Verser la préparation dans le moule préparé.
5. Cuire au four 1 heure, ou jusqu'à ce qu'un cure-dent inséré au centre en ressorte sec. Laisser tiédir avant de démouler et de trancher.

Variantes

Essayez ce cake en pain doré ! Préparez votre mélange aux œufs préféré et remplacez le pain par des tranches de cake aux courgettes d'environ 2 cm (1 po).

Dégustez aussi le cake en version salée (comme base pour remplacer le muffin anglais dans un plat d'œuf bénédictine, par exemple) ou en version sucrée, garni de framboises ou de bleuets en conserve (page 67).

Soirée pasta

LES PLATS DE PÂTES SONT DES INCONTOURNABLES DE NOS MENUS. EN PLUS DE PLAIRE À TOUTE LA FAMILLE, ILS SE PRÉPARENT RAPIDEMENT… SURTOUT QUAND ON N'A QU'À OUVRIR OU À DÉCONGELER QUELQUES POTS MAISON POUR OBTENIR DES SAUCES INCROYABLEMENT SAVOUREUSES, SIMPLES ET EXPRESS !

Spaghetti sauce tomate (page 80) aux boulettes de dinde aux courgettes (page 142) ; Penne à la sicilienne, moitié sauce tomate (page 80), moitié compote d'aubergine (page 111) ; Fettucini ou linguini au coulis de poivron rouge (page 93) et à la crème 35 % ; Pâtes courtes au pesto maison (page 48), avec tomates séchées et/ou crevettes nordiques et/ou féta et/ou ricotta maison (page 164) ; Gnocchis maison ou du commerce au beurre de sauge (page 66).

Avril

Le soleil fait fondre peu à peu la neige et les journées se réchauffent. Même si l'adage recommande de ne pas se découvrir d'un fil, c'est parfois bien tentant, car, on le sent, le printemps est à nos portes. Que vous vous amusiez ou pas à entamer le mois en faisant des poissons d'avril, ne manquez surtout pas de savourer du délicieux poisson d'ici, ce mois-ci. Avril, c'est aussi la saison du crabe du golfe : faites-y honneur avec une bonne salade d'hiver (page 157) et avec un peu de beurre fondu (aux herbes s'il vous en reste dans vos provisions). Parlant de provisions, c'est le temps en avril d'utiliser ce que vous avez encore sous la main. Mai, et son renouveau agricole, arrive à grands pas !

MISSION DU MOIS

S'INSPIRER DE SES PROVISIONS

Votre mission ce mois-ci est certainement de vous laisser inspirer plus que jamais par ce qu'il reste de vos provisions et d'y faire honneur jusqu'à la dernière bouchée avant l'entrée dans le nouveau cycle qui s'annonce.

À l'aube du renouveau agricole, pourquoi ne pas vous donner aussi la mission de motiver un collègue, un ami ou un membre de votre famille à vous emboîter le pas et à *manger près* à partir de mai ? Vous ne pouvez plus vous passer des recettes et astuces que comptent les pages de ce livre ? Vous avez découvert de nouvelles idées pour conserver les produits de saison ? Vous avez essayé de nouvelles façons de vous approvisionner en ingrédients locaux ? Vous avez visité des fermes ou des marchés qui méritent d'être connus ? Vos expérimentations des derniers mois sont autant de sujets de discussions avec vos proches ! Contaminez-les de votre enthousiasme et donnez-leur envie de plonger dans l'aventure !

Vous en voulez encore ?

Envie d'avoir encore plus de recettes à saveurs locales ? Curieux de prendre le champ pour aller à la rencontre d'agriculteurs et d'artisans gourmands passionnants ? Visitez JulieAube.com ! Vous y trouverez aussi des outils téléchargeables tels qu'un modèle de feuille d'inventaire pour gérer vos provisions et des étiquettes pour identifier vos savoureux petits pots !

Poisson d'avril

GRAND CLASSIQUE DU DÉBUT DE MOIS, LE CÉLÈBRE POISSON D'AVRIL EN FAIT RIGOLER PLUS D'UN. VEDETTE DE QUELQUES BONNES BLAGUES, LE POISSON MÉRITE AUSSI UNE BELLE PLACE DANS VOTRE APPROVISIONNEMENT LOCAL. PEUT-ÊTRE VOUS APPROVISIONNEZ-VOUS À LA SOURCE EN TAQUINANT LE POISSON (OU EN PUISANT DANS LE CONGÉLATEUR DU BEAU-PÈRE PÊCHEUR). SINON, IL S'AGIT DE RECHERCHER LES POISSONS ET LES FRUITS DE MER LOCAUX ISSUS DE PRATIQUES DE PÊCHE DURABLE (PAR EXEMPLE LE HOMARD ET LE BOURGOT) OU ENCORE PROVENANT DE MARICULTURE (PAR EXEMPLE LES HUÎTRES, LES MOULES ET LES PÉTONCLES) OU DE FERMES PISCICOLES ÉCORESPONSABLES D'ICI (PAR EXEMPLE LA TRUITE ET L'OMBLE CHEVALIER). ET POURQUOI PAS EXPLORER L'UNIVERS DES ALGUES LOCALES ?

CHAUDRÉE DU SAINT-LAURENT

La mactre de Stimpson est un mollusque du Saint-Laurent, très prisé notamment des Asiatiques, qui figure sur la liste Fourchette bleue (voir l'encadré ci-dessous). Vous pouvez faire cette chaudrée avec une seule espèce de fruits de mer ou les multiplier en ajoutant, par exemple, des pétoncles du Québec ou d'autres espèces recommandées par la Fourchette bleue. Vous pouvez aussi y intégrer un reste de poisson cuit.

DONNE 4 à 6 portions

Ingrédients

240 g (½ lb) de mactres de Stimpson (un grand pot ou 2 boîtes de 142 g)

30 ml (2 c. à soupe) de gin du Québec (facultatif)

45 ml (3 c. à soupe) de beurre

1 gros oignon haché

250 ml (1 tasse) de **poireau émincé congelé**

1 gousse d'ail hachée

45 ml (3 c. à soupe) de farine tout usage

500 ml (2 tasses) de pommes de terre pelées, en dés

2 brins de thym séché

500 ml (2 tasses) de **maïs congelé**

250 ml (1 tasse) de lait (ou de crème 15 %)

375 ml (1 ½ tasse) de crevettes nordiques

Une pincée de poivre des dunes moulu

Préparation

1. Égoutter les mactres de Stimpson dans une passoire posée sur une tasse à mesurer de 500 ml (2 tasses) afin d'y recueillir la saumure. Verser le gin (facultatif) dans la saumure, puis compléter avec de l'eau pour obtenir 500 ml (2 tasses) de liquide. Réserver.
2. Hacher grossièrement les mactres et les réserver dans un bol au réfrigérateur.
3. Dans une grande casserole, à feu moyen, faire fondre le beurre et faire revenir l'oignon, le poireau et l'ail de 3 à 5 minutes en brassant.
4. Saupoudrer la farine sur les légumes, mélanger et cuire environ 1 minute supplémentaire. (Ne pas laisser brunir.)
5. Ajouter les 500 ml (2 tasses) de liquide réservé, les pommes de terre et le thym. Porter à ébullition, puis réduire le feu et laisser mijoter de 15 à 20 minutes en brassant à l'occasion, jusqu'à ce que les pommes de terre soient tendres.
6. Ajouter le maïs et le lait, et chauffer doucement 2 ou 3 minutes.
7. Éteindre le feu, retirer le thym, puis ajouter les fruits de mer. Laisser réchauffer quelques minutes en remuant. Assaisonner de poivre des dunes moulu et servir.

La Fourchette bleue

En 2009, un musée de la Gaspésie, Exploramer, a fondé la certification Fourchette bleue dans le but de piquer notre curiosité en faisant connaître, au moyen d'une liste publiée annuellement, les espèces marines comestibles du Saint-Laurent, dont les stocks se portent bien, qui sont issues de pratiques de pêche ou de culture durables. Cette liste annuelle paraît en février ; vous pouvez donc consulter celle de l'année en cours et demander ces produits à votre poissonnier.

FILET DE POISSON 2 FAÇONS

Choisissez vos propres prises ou un filet de poisson du Saint-Laurent qui figure sur la liste Fourchette bleue (page 179), une truite d'élevage local ou tout autre poisson de proximité issu de pratiques de pêche durable et laissez-vous tenter par l'une ou l'autre des préparations qui suivent en fonction des provisions que vous avez encore.

PRÉPARATION AU FOUR

Poisson en croûte du pesto-qu'il-vous-reste

1. Préchauffer le four à 220 °C (425 °F). Tapisser une plaque d'un tapis de cuisson.
2. Placer les filets de poisson sur la plaque, côté peau en dessous, s'il y a lieu. Badigeonner le poisson d'un pesto-qu'il-vous-reste (page 48).
3. Cuire au four de 5 à 10 minutes (calculer 10 minutes par 2 cm / 1 po d'épaisseur) ou jusqu'à ce que la chair soit encore légèrement translucide (donc pas complètement opaque).

Variante

Remplacez la croûte de pesto par de la chapelure de graines de citrouille (page 133), saupoudrée sur le poisson. Servez-le avec le tzatziki d'hiver (page 161) auquel vous aurez ajouté des cornichons hachés pour lui donner un petit air de sauce tartare.

PRÉPARATION À LA POÊLE

Poisson à la méditerranéenne

1. Dans une poêle, à feu moyen, chauffer un peu d'huile et faire revenir de l'oignon et de l'ail.
2. Ajouter un peu de vin blanc et du **pesto**, du **coulis de poivron rouge** (page 93) ou de la **sauce tomate** (page 80). Porter à ébullition, puis réduire le feu.
3. Ajouter le poisson et un peu d'**herbes séchées** à la sauce frémissante. Couvrir et cuire de 5 à 8 minutes par 2 cm (1 po) d'épaisseur ou jusqu'à ce que le poisson soit légèrement translucide (donc pas complètement opaque).

Note

S'il vous reste de la compote d'aubergine (page 111), cette recette est une excellente façon de la savourer.

Vide-provisions

QUE VOUS RESTE-T-IL AU CONGÉLATEUR ? QUELS POTS N'ONT PAS ENCORE ÉTÉ DÉVORÉS ? QU'AVEZ-VOUS DÉSHYDRATÉ QUI N'A PAS ENCORE ÉTÉ SAVOURÉ ? FAITES VOTRE INVENTAIRE ET METTEZ VOS RÉCOLTES DE L'AN PASSÉ AU MENU. REPASSER LES RECETTES PARTAGÉES DEPUIS DÉCEMBRE ET INSPIREZ-VOUS DES QUELQUES SAVOUREUSES IDÉES VIDE-PROVISIONS QUI SUIVENT AFIN DE FAIRE DE LA PLACE POUR DU NEUF SUR VOS TABLETTES. MAI S'EN VIENT !

Ces bols sont une option repas parfaite pour mettre en valeur un heureux et coloré mélange de ce qu'il reste de vos provisions. À vos marques, prêt, créez !

À gauche : couscous de chou-fleur congelé et vinaigrette (page 157) ; choucroute de chou rouge [ou autre variante] (page 105) ; lentilles béluga locales cuites (page 150) ; kimchi (page 115) ; pousses (page 159) ;

Ci-dessous : avoine nue et vinaigrette (page 159) ; boulettes de dinde aux courgettes (page 142) ; houmous (page 161) ; rondelles de kale sauté (page 76) ; tzatziki d'hiver (page 161) ; salade de chou (page 109) ;

Autres idées de garnitures : œufs fermiers cuits durs en demies, cubes de tofu grillé, reste de viande ou de poisson cuit, truite fumée, légumes-racines rôtis, fromage féta émietté, giardiniera ou autres légumes marinés… et plus !

UNE RAFALE D'IDÉES POUR ÉCOULER VOS RÉSERVES

Fruits surgelés et en conserve. Pensez smoothies, mousses-desserts, croustades (page 166), garnitures de yogourt, de crêpes ou de pain doré au brunch. N'oubliez pas de réduire de moitié le sirop des pots et d'utiliser cette réduction pour sucrer une vinaigrette ou un smoothie, pour garnir un yogourt ou une crème glacée ou pour préparer des kirs à saveur locale !

Légumes congelés. On peut, bien sûr, les servir simplement en accompagnement, mais aussi en faire une soupe aux légumes ou les inclure dans un potage. Le maïs est divin avec un peu de crème, le chou-fleur est exquis en gratin, le poireau est très bon dans une quiche et les courgettes sont délicieuses en croquettes de type rösti.

Légumes marinés. En plus de les offrir en apéro chaque fois que vous en avez l'occasion, ajoutez-en aux sandwichs et aux burgers, aux salades de pâtes et aux bols repas (page 183).

Liquide des marinades. Évidemment, il sert aux vinaigrettes (page 157), mais il peut aussi entrer dans la préparation de ce délicieux plat de poulet simplissime : Dans une casserole, chauffer un mélange de beurre et d'huile, et colorer environ 1 kg (2 lb) de poulet fermier en morceaux. Réserver. Dans la même casserole, ajouter un peu de beurre et faire revenir 1 oignon haché et 4 gousses d'ail hachées avec du sel et du poivre. Ajouter 175 ml (¾ tasse) de marinade de giardiniera (page 114) (ou le liquide d'autres légumes marinés), remettre le poulet dans la casserole, couvrir et cuire dans la sauce frémissante de 20 à 30 minutes ou jusqu'à ce que le poulet soit cuit et se détache facilement de l'os. Réserver le poulet dans une assiette et ajouter 15 ml (1 c. à soupe) de beurre à la casserole. Fouetter en chauffant doucement jusqu'à ce que la sauce épaississe et la servir avec le poulet.

Condiments (sauces, chutneys, salsa, pestos, etc.). En accompagnement de n'importe quelle viande, du poisson, du tofu grillé ou de la pizza, ajoutés aux sandwichs et aux burgers, dans des trempettes variées ou servis en garniture sur des légumes-racines grillés au four.

Fruits séchés. Outre le granola (page 139), ajoutez-en aux biscuits, aux muffins, aux gâteaux, aux galettes, aux barres tendres et à d'autres pâtisseries maison. Et créez vos propres mélanges du randonneur !

Légumes séchés. À utiliser dans des soupes (page 148) ou pour démarrer des plats mijotés. Vous pouvez aussi les réduire en poudre pour assaisonner plusieurs préparations, dont des risottos d'avoine nue ou d'orge.

Choucroute. Garnissez-en sandwichs, grilled-cheese et sous-marins. Ajoutez-la sur une pizza (page 156) ou dans une trempette (page 161). Ou encore, servez-la chaude en accompagnement d'une viande braisée (de l'agneau, par exemple), des saucisses ou du jambon.

Kimchi. Mettez-en dans vos omelettes d'inspiration asiatique ou dans les bols repas. Ou mélangez-le à du tofu ou à du porc haché pour préparer des dumplings maison.

Renouvelez vos voeux !

Prenez bonne note des saveurs saisonnières qui vous ont le plus manqué durant les derniers mois. Vous aurez un plaisir fou à les retrouver. Elles seront un bon point de départ pour vos stratégies de conservation durant la belle saison qui approche.

Ça y est !

Un tour de calendrier de fait. Mai est à vos portes. Le soleil réchauffe peu à peu le sol, le nouveau cycle agricole est sur le point de commencer. Fort de vos connaissances sur différentes méthodes de conservation, vous pourrez dorénavant déployer vos habiletés et votre créativité dès le mois de mai ! Et si je vous parlais d'asperges marinées ou de chutney de rhubarbe ?

Manger près, c'est danser une valse qui se transforme au fil des saisons, mais qui ne s'arrête jamais et qui offre des possibilités infinies. Que ce livre vous accompagne au fil des années et que la danse se poursuive, au rythme de vos propres inspirations.

champ!

RÉFÉRENCES ET OUTILS

INTRODUCTION

Alimentation saine, locale et durable

Alimentation locale, Équiterre : equiterre.org/fiche/alimentation-locale

Guide alimentaire canadien, Santé Canada : guide-alimentaire.canada.ca/fr/

La nutrition, 4e édition, Marc Bélanger, Marie-Josée LeBlanc, Mireille Dubost, Montréal, Éditions de la Chenelière, 2015.

L'avenir est dans le champ, Jean-Martin Fortier et Marie-Claude Lortie, Montréal, Éditions La Presse, 2019.

Manger local à Québec – Pratiques d'approvisionnement alimentaire et forme urbaine dans la Communauté urbaine de Québec, Marie-Joëlle Tétrault, Université Laval, 2014. mangerlocalquebec.info/sites/mangerlocalquebec.info/files/tetreault_marie-joelle essaidumangerlocal.pdf

Manger local au fil des saisons, guide de Vifa Magazine : vifamagazine.ca/guidemangerlocal

Sauver la planète une bouchée à la fois : trucs et conseils, Bernard Lavallée, le nutritionniste urbain, Montréal, Éditions La Presse, 2015.

Gaspillage alimentaire

Le gaspillage alimentaire au Canada, Le Conseil national Zéro déchet : lovefoodhatewaste.ca/fr/a-propos/le-gaspillage-alimentaire-au-canada

The Avoidable Crisis of Food Waste – The Roadmap, Second Harvest : secondharvest.ca/wp-content/uploads/2019/01/Avoidable-Crisis-of-Food-Waste-The-Roadmap-by-Second-Harvest-and-VCMI.pdf

Perceptions, attitudes et défis des consommateurs

Cahier *Alimentation Sommet 2017*, ministère de l'Agriculture, des Pêcheries et de l'Alimentation (MAPAQ) : cdn-contenu.quebec.ca/cdn-contenu/adm/min/agriculture-pecheries-alimentation/publications-adm/dossier/sommet-alimentation/DT_cahier1_sommet_alimentation_MAPAQ.pdf?1545322678

Manger frais, manger près – Analyse transversale sur les circuits courts et les saines habitudes de vie au Québec, Chakda Yorn et al, Équiterre, 2012. equiterre.org/sites/fichiers/analyse_transversale_complet_0.pdf

« Pratiques, perceptions et attitudes des consommateurs de la Communauté métropolitaine de Québec à l'égard des aliments locaux », mémoire de Julie Fortier, Université Laval : corpus.ulaval.ca/jspui/bitstream/20.500.11794/37158/1/35524.pdf

MAI

Calendrier des disponibilités des fruits et légumes, Équiterre : equiterre.org/sites/fichiers/calendrier-des-disponibilites-des-fruits-et-legumes_0.pdf

Calendrier Fraîcheur Québec, Association québécoise de la distribution de fruits et légumes : fraicheurquebec.com/calendrier-des-produits

Paniers biologiques

Réseau des fermiers de famille : fermierdefamille.com/fr

Têtes de violon (crosses de fougère)

Fiche d'information – Crosses de fougère, MAPAQ : mapaq.gouv.qc.ca/fr/Publications/FicheInfo-Crossesdefougere.pdf

Forêt : identifier, cueillir, cuisiner, de Gérald Le Gal et Ariane Paré-Le Gal, Montréal, Éditions Cardinal, 2019.

Jardins sauvages : jardinssauvages.com/images/Cuisson-tetes-de-violon.pdf

JUIN

Guide 101 sur la congélation, Ricardo Larrivée et Christina Blais : ricardocuisine.com/congelation

« La réfrigération et la congélation », *Fiches thématiques sur les systèmes alimentaires de proximité*, Vivre en ville : vivreenville.org/media/728423/VenV_Fiches-thematiques-SAP.pdf

Guide de la congélation des fruits frais à la maison, Association canadienne de la distribution des fruits et légumes : halfyourplate.ca/wp-content/uploads/2014/12/cpma_fruits_and_vegetables_freezing_guide-fr.pdf

JUILLET - AOÛT

Batch : Over 200 Recipes, Tips and Techniques for a Well Preserved Kitchen, Dana Harrison et Joel MacCharles, Penguin Random House Canada, 2016.

Fiche d'information – Préparation de conserves maison, MAPAQ : mapaq.gouv.qc.ca/fr/Publications/Fiche_preparation_conserves_accessible.pdf

Guide pratique, de Bernardin : bernardin.ca/fr/lesbasesscientifiquesdutraitementalachaleur.htm

La chimie des desserts : tout comprendre pour mieux les réussir, Christina Blais, Montréal, Éditions La Presse, 2007.

« La mise en conserve », *Fiches thématiques sur les systèmes alimentaires de proximité*, Vivre en ville : vivreenville.org/media/728423/VenV_Fiches-thematiques-SAP.pdf

National Center for Home Food Preservation (site en anglais) : nchfp.uga.edu

Recettes de conserves maison, [blogue], Vincent le canneux : https://conserves.blogspot.com/

Tableau approximatif des pH (en anglais), de la FDA (US Food and Drug Administration) : www.webpal.org/SAFE/aaarecovery/2_food_storage/Processing/lacf-phs.htm

Marchés publics

Association des marchés publics du Québec : ampq.ca

SEPTEMBRE

Guide des bonnes pratiques de conservation et de transformation des aliments, Gouvernement du Québec : santesaglac.gouv.qc.ca/wp-content/uploads/2019/01/2018-11-21-Guide_conservation_aliments.pdf

Guide Excalibur : rawnutrition.ca/img/product/description/Guide_Excalibur_en_francais_pdf.pdf

« La déshydratation », *Fiches thématiques sur les systèmes alimentaires de proximité*, Vivre en ville : vivreenville.org/media/728423/VenV_Fiches-thematiques-SAP.pdf

Petit traité Rustica des produits séchés, Caroline Guézille, Rustica Éditions, 2017.

OCTOBRE

Fermented vegetables : Creative Recipes for Fermenting 64 Vegetables & Herbs, Kirsten K. Shockey et Christopher Shockey, North Adams (MASS), Storey Publishing, 2014.

Formation de Tout cru ! Ateliers de fermentation : toutcrufermentation.com/#home

Guide de récolte et de transformation : transformer le gaspillage alimentaire en culture de partage, Maski en forme : maskirecolte.com/wp-content/uploads/2019/09/Guide-de-Cueillette-et-de-transformation.pdf

« La lactofermentation », *Fiches thématiques sur les systèmes alimentaires de proximité*, Vivre en ville : vivreenville.org/media/728423/VenV_Fiches-thematiques-SAP.pdf

Mille milliards d'amies : comprendre et nourrir son microbiome, Marianne Desaultels-Marissal, Montréal, Éditions Cardinal, 2016.

Ni cru ni cuit – Le blog des aliments fermentés : nicrunicuit.com

Révolution fermentation : kombucha, kéfir, miso... 70 recettes à votre portée, David Côté et Sébastien Bureau, Montréal, Les Éditions de l'Homme, 2017. Consultez aussi : revolutionfermentation.ca

The Art of Fermentation : An In-Depth Exploration of Essential Concepts and Processors from around the World, Sandor Ellix Katz, White River Junction (VT), Chelsea Green Publishing, 2012.

NOVEMBRE

Mieux conserver ses aliments pour moins gaspiller, Anne-Marie Desbiens, Montréal, Éditions La Presse, 2019.

Sauve ta bouffe – Le petit aide-mémoire de la conservation des fruits et légumes sauvetabouffe.org/fiches-conseil/boite-outils/le-petit-aide-memoire-de-la-conservation-des-fruits-et-legumes

Thermoguide, MAPAQ : mapaq.gouv.qc.ca/fr/publications/thermoguide.pdf

JANVIER - FÉVRIER - MARS

Pousses, germinations et semis

Calendrier de semis de légumes, Espace pour la vie espacepourlavie.ca/calendrier-de-semis-de-legumes

Comment faire, Vert Demain, vertdemain.info

Germes de légumineuses, Le Jardinier paresseux : jardinierparesseux.com/tag/germes-de-legumineuses

Pousses et germinations, craquebitume.org/wp-content/uploads/2016/12/Pousseset germinations.pdf

Pousses et germinations, Mapaq : mapaq.gouv.qc.ca/fr/Productions/agricultureurbaine/trucsconseils/Pages/pousses-germinations.aspx

Techniques de germination, croquarium.ca/wp-content/uploads/2015/08/techniques_de_germination.pdfp.191

AVRIL

Fourchette bleue

Liste : exploramer.qc.ca/liste-des-especes-marines-valorisees-par-fourchette-bleue

LISTE DES RECETTES

REMERCIEMENTS

Merci à Christina Blais, nutritionniste, qui, à peine retraitée de plus de 30 ans d'enseignement en science des aliments à l'Université de Montréal, s'est penchée sur les différents tours de révision scientifique des textes de cet ouvrage, en plus de participer à la dégustation de plusieurs recettes. Merci, Christina, pour ton temps, ton œil de lynx et tes suggestions toujours constructives. Je suis vraiment reconnaissante de ta généreuse, si précieuse et enthousiaste collaboration.

Merci également à Anne Rigaud, d'Équiterre, pour la relecture des passages sur l'agriculture soutenue par la communauté, et à Pedro Pedrez, de *Tout cru ! Atelier de fermentation*, pour la relecture de la section sur la lactofermentation.

Mille fois sur le métier ont été remises les pages d'introduction : pour les relectures et les rétroactions éclairantes, merci à Véronique Provencher, professeur titulaire à l'école de nutrition de l'Université Laval, ainsi qu'à toutes les personnes, amies, collègues et proches, qui ont également parcouru et commenté ces pages, soit Amélie Baillargeon, Laurence Cousineau-Sigouin, Alix Génier, Marie-José Lefebvre, Keven Lamarche et Dominic Lamontagne.

Merci à Christine Hébert, à Ariel Tarr et à Sylvain Riel ; si le livre est un régal pour les yeux, c'est grâce à vous, et à la beauté naturelle des champs et des marchés visités pour les photos : Clos Saragnat, Potager Mont-Rouge Halte gourmande, Les potagers des nues mains, Ferme de la Colline du chêne et Marché public de Frelighsburg, notamment aux kiosques de Terroir solidaire et de la Ferme Les Carottés.

Merci à Emilie Mongrain, qui a cru en mes idées ; tout part de là ! C'était un plaisir renouvelé de travailler avec toi à chacune des étapes qui ont permis au projet de se concrétiser. Merci pour ta complicité et de rendre tout cela possible et si agréable.

Merci à Pascal pour ton soutien et ta patience, malgré les compromis qu'une blonde plongée intensivement dans un gros projet pour plusieurs mois demande ! Et à celles qui m'ont trouvée un peu absente en 2019, merci pour votre compréhension.

À tous les fermiers, mes idoles, mon inspiration et ma motivation au quotidien, un immense merci pour tout !

Imprimé chez Marquis Imprimeur inc.